Méthode de fran

Et toi ?

NIVEAU 4

Marie-José Lopes
Jean-Thierry Le Bougnec
Corina Brillant
Guy Lewis

B1.1 Cadre européen commun de référence

didier

Table des crédits photographique
Couverture : Bruno Arbesu, Amandine Bollard - p. 7 : bg, Ramon Senera Agence Bernand ; fond Roulier/Turiot/PhotoCuisine/Corbis ; hg, Richard G. BinghamII/Alamy ; md, Jupitersimages/Botanica/Gettyimages - p. 8 : bd, G. Baden/Zefa/Corbis ; hg, superclic/Alamy ; fond Oleg Kulakov - Fotolia.com - p. 9 : 1, Voisin/Phanie ; 2, B. Boissonnet/BSIP ; 3, Belmonte/BSIP ; 4, Burger/Phanie ; 5, Burger/Phanie ; 6, Burger/Phanie - p. 10 : Richard G. BinghamII/Alamy - p. 12 : Le Monde des Ados n°149 du 20/09/2009/Florence Cestac/Nicolas Julo - p. 13 : a, Paul Taylor/Stone/Gettyimages ; b, rachid amrous - Fotolia.com ; c, Vizuel - Fotolia.com ; d, Stock Photos/Photononstop ; e, Can Balcioglu - Fotolia.com ; f, Jamie Grill/Tetra Images/Gettyimages - p. 14 : Alexandra Galicher ; a, pass - Fotolia.com ; b, richard villalon - Fotolia.com ; c, SGV - Fotolia.com ; d, Matthew Collingwood - Fotolia.com ; e, claudio calcagno - Fotolia.com ; f, cdrcom - Fotolia.com ; g, David Smith - Fotolia.com ; hd, Jérôme Pallé - p. 16 : Jupitersimages/Botanica/Gettyimages - p.17 : Pascal Martin - Fotolia.com ; Marek Kosmal - Fotolia.com ; Tomboy2290 - Fotolia.com ; jerome signoret - Fotolia.com ; Thierry Hoarau - Fotolia.com ; Karl Bolf - Fotolia.com ; volff - Fotolia.com ; Frédéric Boutard - Fotolia.com ; KingPhoto - Fotolia.com ; Karl Bolf - Fotolia.com ; jet - Fotolia.com ; palou - Fotolia.com - p.18 : INPES - p. 20 : INPES ; Les Restaurants du coeur ; FAO/International Alliance Against Hunger (www.iaahp.net) ; Action contre la faim - p. 21 : FAO/World Food Day and Special Initiatives Branch - p. 22 : bd, Ramon Senera Agence Bernand ; bg, Photo Josse/Leemage ; hg, Agence Bernand - p. 24 : kristian sekulic - Fotolia.com ; Liv Friis-larsen - Fotolia.com ; hg, Roulier/Turiot/PhotoCuisine/Corbis - p. 27 : Monkey Business - Fotolia.com - p. 28 : a, Garo/Phanie ; b, nyul - Fotolia.com ; c, Burger/Phanie ; d, Voisin/Phanie - p. 31 : fond Catherine Ledner/Stone/Gettyimages ; hg, vario images GmbH & Co.KG / Alamy ; La Halde, avec tous nos remerciements - p. 32 : Catherine Ledner/Stone/Gettyimages ; Banque de France ; Hotel des monnaies - p. 33 : Autenzio A/Explorer/Eyedea ; hd, John Lund/Marc Romanelli/Blend Images/Gettyimages - p. 34 : Stefan Kiefer/Vario Images/Alamy - p. 36 : bg, David Yound-Wolff/Stone/Gettyimages ; hd, John Lund/Marc Romanelli/Blend Images/Gettyimages - p. 38 : Claudia Goepperl/Taxi/Gettyimages - p. 39 : Dustin Lyson - Fotolia.com - p. 40 : philippe Devanne - Fotolia.com - p. 42 : CABU - p. 44 : bd, David Vintiner/Corbis ; hd, Golden Pixels LLC/Alamy - p. 44-45 : La Halde, avec tous nos rermerciements - p. 46 : bd, Roger Viollet ; hd, The Art Archive/Corbis - p. 47 : Harry Macias - Fotolia.com - p. 48 : bg, Catherine Beaunez/Iconovox ; hd, Catherine Beaunez/Iconovox - p. 49 : F. Poulain - p. 51 : bd, Larry Dale Gordon/Image Bank/Gettyimages ; hd, Spencer Rowell/Taxi/Gettyimages - p. 55 : fond Jupiterimages/Brand X Pictures/Gettyimages ; hg, Hervé de Guetzl/Photononstop ; md, Jean-Louis Bellunget/Gettyimages - p. 56 : Javier Larrea/AGE/Eyedea - p. 58 : bd, Javier Larrea/AGE/Eyedea ; bg, 1 S. Villeger/Eyedea ; bg, 2 Gregory Costanzo/Gettyimages ; bg, 3 George Doyle/Gettyimages ; bg, 4 Balzak/Explorer/Eyedea ; d 1, George Doyle/Gettyimages ; d 2, George Doyle/Gettyimages ; d 3, George Doyle/Gettyimages ; d 4, George Doyle/Gettyimages ; hd, Javier Larrea/AGE/Eyedea ; hg, Javier Larrea/AGE/Eyedea ; md, Javier Larrea/AGE/Eyedea ; mm, Javier Larrea/AGE/Eyedea - p. 59 : George Doyle/Gettyimages - p. 60 : Hervé de Guetzl/Photononstop ; bm, John Lund/Photographer's choice /Gettyimages - p. 62 : bg, Woody stock/Alamy ; hd, altendro Images/altendro/Gettyimages ; fond Oleg Kulakov - Fotolia.com - p. 64 : Jupiterimages/Brand X Pictures/Gettyimages - p. 66 : bg, Jean-Louis Bellunget/Gettyimages ; hd, Digital Vision/Gettyimages ; hg, Masterfile/Masterfile - p. 68 : Stephen Richards - Fotolia.com ; TF1 ; Ted Spiegel/Corbis ; hm, TF1-sureau/Sipa - p. 69 : bg, Sichov/Sipa ; hg, Stéphane Masson/Corbis - p. 70 : Chad McDermott - Fotolia.com - p. 74 : bd, Vince Flores/CELEBRITY/Gamma/Eyedea Presse ; bg, Chris Pizzelo/Reuters ; bm, Rainer Jensen/Abaca Press ; hd, Christian Jentz/Gamma/Eyedea Presse ; hg, FOTOBLITZ/Stills/Gamma/Eyedea Presse ; hm, philippe Caron/Corbis ; md, Ludovic/Réa ; mg, Louise Gubb/Corbis ; mm, Stephane Cardinale/People Avenue/Corbis - p. 75 : Rainette-Fotolia.com - p. 76 : Pavel Losevski-Fotolia.com - p. 79 : Michel Saemann/Sciences & Vie Junior 227 ; fond Peter Banos/Alamy Images ; md, LWA-Sharie Kennedy/Corbis - p. 80 : Esbin-Anderson/Eyedea - p. 82 : Keystone-France/Keystone/Eyedea - p. 83 : GRAPHI-OGRE - GéoAtlas ; Jeff - Fotolia.com - p. 84 : Michel Saemann/Sciences & Vie Junior 227 ; bg, Albert Harlingue/Roger-Viollet - p. 86 : bm, LWA-Sharie Kennedy/Corbis ; hd, Peter Banos/Alamy Images - p. 87 : Merci à Alexandra Galicher - p. 88 : Peter Banos/Alamy Images ; Peter Banos/Alamy Images ; Peter Banos/Alamy Images ; Peter Banos/Alamy Images ; bm, FRAN - Fotolia.com - p. 90 : Geluck ; Geluck ; Geluck ; 2009 Les Editions Albert René/Goscinny-Uderzo - p. 92 : NASSELEVITCH - Fotolia.com - p. 94 : Bianchetti/Leemage ; hm, Rainer Golch - Fotolia.com - p. 95 : Fototeca/Leemage - p. 96 : hm, Ron Levine/Gettyimages - p. 97 : Bill Bachmann/Alamy ; bg, Jean du Boisberranger/hémis.fr - p. 98 : Joséphine Clasen/Mauritius/Photononstop - p. 99 : Onidji - Fotolia.com ; Elenathewise - Fotolia.com - p. 100 : Bertrand Rieger/hémis.fr - p. 101 : Andrey Zyk - Fotolia.com ; Andrey Zyk - Fotolia.com ; Andrey Zyk - Fotolia.com - p. 115 : a, Saskia Massink - Fotolia.com ; b, Marcel Antonisse/Corbis ; c, Philippe Leroux/Sipa ; d, Stockbyte/Gettyimages ; e, Jack Ambrose/Stone/Gettyimages ; f, Pete Saloutos - Fotolia.com ; g, RiaNovoski/SPL/Cosmos - p. 118 : h, Tom Suter - Fotolia.com - p. 122 : Geluck

Table de référence des textes
p. 16 : INPES - p. 34 : Sondage exclusif CSA / CREDIT AGRICOLE réalisé par téléphone du 4 au 7 juillet 2008. Echantillon national représentatif de 503 parents d'enfants âgés de 6 à 15 ans (Date de publication : 29 août 2008) Source : CSA : LES PARENTS ET L'ARGENT DE POCHE DES ENFANTS» - p. 48 : Femmouzes T «»On parle de parité»» extrait de l'album Tripopular Paroles et Musique : C. Sicre Vaché - Droits réservés/Créon-Music» - p. 66 : Le collectif Exactitudes. Les clones descendent à la gare du Nord»» de Nicolas Delesalle, paru dans Télérama n° 3065 du 11/10/2008» - p. 70 : Le Clézio par lui-même»» paru dans le Nouvel Obs n° 1009» - p. 75 : J.M.G. Le Clézio, «»Désert»»/ Editions Gallimard» - p. 118 : Des mesures pour que les français fassent du sport « du 31/12/2008 par Anne Jouan/Le Figaro/2008 »

Table de référence de sons
Piste 10 Benza, La Halde avec tous nos remerciements,
Piste 11 Femmouzes T «On parle de parité» extrait de l'album Tripopular, Paroles et Musique : C. Sicre Vaché - Droits réservés/Créon-Music
Piste 20 Poème «Heureux qui comme Ulysse» interprété par Caroline Delmas

Nous avons recherché en vain les auteurs ou les ayants droit de certains documents reproduits dans ce livre. Leurs droits sont réservés aux Éditions Didier.

Illustrations : Pasto (dessin) - Laurence Croix (couleur).
Couverture : Michèle Bisgambiglia.
Maquette intérieure : David Thiolon.
Mise en page : L.N.L.E

© Les Éditions Didier, Paris 2009   ISBN 978-2-278-06081-8   Imprimé en France

Achevé d'imprimer en août 2010 par Loire Offset Titoulet - Dépôt légal : 6081/02

AVANT-PROPOS

Et toi ? niveau 4 s'adresse à des adolescents ; il correspond au niveau B1.1 du *Cadre européen commun de référence pour les langues (CECR)*.

Et toi ? s'attache à l'acquisition et la maîtrise des cinq compétences décrites par le *CECR : réception orale et écrite ; production orale (en continu/en interaction) et écrite*.
Ces 5 compétences sont investies et mobilisées dans des **tâches** ou **projets** qui requièrent la mise en place de stratégies. Les apprenants, *acteurs sociaux*, vont *interagir* dans des situations sociales (contextes) et dans des domaines particuliers. Ainsi, *Et toi ?* privilégie-t-il une approche *actionnelle*, c'est-à-dire un apprentissage par les **tâches**.

Les présupposés théoriques s'inspirent des apports du *CECR*. Pédagogiquement, *Et toi ?* se situe dans le principe de *la découverte* et de *la construction de sens*. Les démarches sont élaborées à partir des *objectifs* et organisées en tenant compte de l'axe *comprendre/s'exercer/produire* (réception/production/interaction). *Et toi ?* privilégie toujours le parcours qui va du *sens* vers la *forme* dans le cadre d'une progression *spiralaire*.

Les thèmes retenus sont très proches du quotidien et des centres d'intérêt des jeunes adolescents. Ils s'inscrivent dans l'actualité et rendent compte de la diversité de leur environnement socioculturel.
Le niveau de langue des jeunes adolescents a été privilégié. La langue utilisée dans le manuel se rapproche de leur réalité. Mais l'objectif est qu'ils puissent l'adapter à *la situation de communication*.
Les documents utilisés s'inspirent tous de la réalité et ont une dimension socioculturelle.

Le livre de l'élève *Et toi ?* niveau 4 se compose de **quatre modules** :
Chaque module comprend :
- une page **contrat** qui annonce les objectifs du module et le projet ;
- **trois séquences** de deux doubles pages chacune. Les trois doubles pages des séquences 3, 6, 9 et 12 sont plus spécifiquement consacrées à des supports culturels : extraits littéraires des XVIe, XVIIe, XVIIIe, XXe siècles ; chansons contemporaines ; documents socioculturels d'actualité ;
- un **projet** d'une double page, cœur de l'approche actionnelle, qui regroupe, par l'intermédiaire d'une tâche réelle à accomplir, les contenus abordés dans le module et les différentes compétences sollicitées ;
- une double page **d'évaluation** qui propose des activités de réemploi ;
- une page **d'auto-évaluation** reprenant les objectifs du contrat.

À l'issue des quatre modules figurent :
- un ensemble d'activités phonétiques classées et contextualisées pour chaque séquence du livre. Elles apportent ainsi une aide précieuse à l'enseignant pour aborder, dans sa classe, de façon sereine et guidée, les éléments prosodiques, phonématiques et phonie-graphiques de la langue ;
- un test d'évaluation complet type DELF scolaire B1.1.

En fin d'ouvrage, on trouvera les *sons du français*, un *précis grammatical* et les *principales difficultés phonie-graphiques* (sur l'intérieur de la couverture).

Autour du livre de l'élève, *Et toi ?* niveau 4 est constitué :
- de deux **CD audio classe** ;
- d'un **cahier d'exercices** qui propose des activités fonctionnelles, syntaxiques et lexicales en totale adéquation avec le livre de l'élève et qui peut donc être utilisé en classe ou en autonomie. Ce cahier comporte aussi un lexique plurilingue (anglais, arabe, espagnol, italien, portugais) et des tableaux de conjugaison ;
- d'un **guide pédagogique** qui explicite en détail la démarche méthodologique et intègre, pour chaque activité ; les descripteurs du *Cadre européen commun de référence pour les langues* correspondant aux tâches demandées, le corrigé et la transcription lorsqu'il s'agit d'une activité de compréhension orale. Il comprend également des tests d'évaluation de type DELF niveau B1.1 après chaque séquence, ainsi que de nombreuses informations culturelles. Il comporte enfin les corrigés des activités du *Cahier d'exercices*.

Et maintenant... À TOI !

Les auteurs

TABLEAU DES CONTENUS

CO = *compréhension orale* **CE** = *compréhension écrite* **PO** = *production orale* **PE** = *production écrite*

► MODULE 1 - p.7 〖PROJET〗 ORGANISATION ET PARTICIPATION AU CONCOURS « SUPER SANDWICH »

	SÉQUENCE 1-p.8	SÉQUENCE 2-p.14	SÉQUENCE 3-p.20
Communication	▷ poser des questions (sur un problème médical) (CO, PO) ▷ comprendre une page de site médical (CE, PE) ▷ répondre positivement ou négativement (CO, PO) ▷ organiser le discours (1): exprimer l'opposition (CE, PE) ▷ indiquer une majorité/une minorité (CE, PE) ▷ donner des conseils (CE, PE) ▷ organiser le discours (2): ajouter une information (CE, PE) ▷ caractériser (CE, PE) ▷ comprendre une BD sur les problèmes de peau (CE, PO) ▷ exprimer la douleur (CE, PO)	▷ commander à la cantine, au restaurant (CO, PO) ▷ proposer/demander quelque chose à quelqu'un (CO, PO) ▷ exprimer la quantité (CO, PO) ▷ comprendre une campagne institutionnelle sur la santé et l'alimentation (site Internet) (CE) ▷ donner une limite (CE, PE) ▷ organiser le discours (3): exprimer l'opposition/la concession (CE, PE) ▷ comprendre une campagne institutionnelle sur la santé et l'alimentation (dépliant) (CE) ▷ composer un menu équilibré (CO, PO, CE, PE)	▷ comprendre une campagne institutionnelle sur la santé et l'alimentation (affiche) (CE, PE) ▷ exprimer la manière (CE, PE) ▷ comprendre des affiches de sensibilisation aux problèmes alimentaires (CE, PE) ▷ comprendre des données sociologiques sur des problèmes alimentaires (CE) ▷ comprendre un extrait d'une pièce de Molière (CO, CE, PO) ▷ comprendre une recette de pâtisserie (CE, PE)
Grammaire	▷ l'interrogation directe/indirecte ▷ les articulateurs logiques: *mais, cependant, et, de plus* ▷ l'infinitif affirmatif et négatif ▷ l'adjectif participe présent ▷ *Attention à/Pas de* + nom	▷ l'expression de la quantité: les adjectifs numéraux et partitifs, les adverbes de quantité ▷ le pronom *en* ▷ les articulateurs logiques: *pourtant, or, contrairement à*	▷ le gérondif
Lexique	▷ la médecine ▷ les soins ▷ la peau ▷ la douleur ▷ quelques expressions familières	▷ la nourriture ▷ les repas ▷ la composition des menus ▷ les groupes d'aliments	▷ l'alimentation ▷ la langue de Molière ▷ la cuisine/la pâtisserie: l'électroménager, les ustensiles, les actions
Phonétique	▷ groupe et rythme	▷ l'accent d'insistance	▷ la lecture à voix haute
Socioculturel	▷ les ados et la médecine ▷ BD: *Les ados Laura et Ludo*	▷ les ados et l'alimentation ▷ les règles d'une alimentation équilibrée ▷ la cantine ▷ les repas	▷ les problèmes alimentaires dans le monde ▷ les associations de lutte contre la faim ▷ Molière

► MODULE 2 - p.31 〖PROJET〗 RÉALISATION D'UN SONDAGE SUR LE TEMPS LIBRE DES JEUNES

	SÉQUENCE 4-p.32	SÉQUENCE 5-p.38	SÉQUENCE 6-p.44
Communication	▷ exprimer la fréquence (CO, PO) ▷ organiser le discours (4): exprimer l'opposition/la concession (CO, PO) ▷ comprendre un article sociologique sur l'argent des ados (CE, PE) ▷ organiser le discours (5): présenter ses idées successivement; ajouter une idée qui renforce la précédente; récapituler/conclure; préciser sa pensée (CE, PE) ▷ comprendre une enquête sur le quotidien des adolescents (CO, CE, PE) ▷ atténuer/renforcer une information (CE, PO, PE) ▷ comparer (CE, PO, PE)	▷ organiser le discours (6): présenter des informations successivement; ajouter une idée qui renforce la précédente (CO, CE, PO) ▷ mettre en valeur (CO, CE, PO) ▷ comprendre des graphiques et des tableaux statistiques sur la mixité à l'école (CE, PE) ▷ organiser le discours (7): présenter deux informations dans la même phrase; exprimer la conséquence; ajouter une idée qui renforce la précédente (CE, PO, PE) ▷ comprendre une BD satirique sur la vie des femmes (CE, PE)	▷ comprendre la page d'accueil d'un site institutionnel contre la discrimination (CE) ▷ comprendre le témoignage d'une victime de discrimination (CO) ▷ comprendre et produire des messages contre les discriminations (CE, PE) ▷ comprendre une page d'un moteur de recherche sur Rousseau (CE) ▷ comprendre un extrait d'une œuvre de Rousseau (CE, PO, PE) ▷ comprendre une chanson sur l'inégalité homme/femme au travail (CO, CE, PE)
Grammaire	▷ les articulateurs logiques: *par contre, en revanche, au lieu de, malgré, bien que, deuxième point, enfin, de plus, bref, en effet, en fait* ▷ la fréquence: *une fois par...; tous les...; chaque...* ▷ le comparatif (avec les adjectifs, noms, verbes)	▷ les articulateurs logiques: *tout d'abord, pour commencer, premièrement, finalement; par ailleurs, de plus, en outre; d'une part, d'autre part; c'est pourquoi.* ▷ la mise en valeur: *celui qui..., c'est...; ... c'est ce qui/que...; ce qui/ce que..., c'est ...; c'est... qui/que...*	
Lexique	▷ l'argent ▷ les statistiques ▷ les loisirs	▷ l'enseignement: les niveaux, les filières, la mixité, la parité	▷ la discrimination ▷ la biographie ▷ quelques mots de philosophie ▷ l'inégalité ▷ les professions au féminin
Phonétique	▷ le [ə]: muet ou prononcé?	▷ l'intonation expressive – les interjections	▷ la dénasalisation
Socioculturel	▷ l'argent de poche ▷ le quotidien des ados/des adultes	▷ la mixité, la parité à l'école ▷ le choix des filières ▷ la réussite scolaire ▷ BD: le quotidien d'une mère de famille vu par un caricaturiste	▷ la HALDE ▷ Rousseau

► MODULE 3 - p.55 PROJET : RÉALISATION D'UNE INTERVIEW POUR LE JOURNAL OU LE SITE DU COLLÈGE

	SÉQUENCE 7-p.56	SÉQUENCE 8-p.62	SÉQUENCE 9-p.68
Communication	▷ rapporter les paroles de quelqu'un (CO, PO) ▷ comprendre une page de profil Facebook (CE, PO) ▷ raconter une sortie (PO, PE) ▷ comprendre un texte de type sociologique sur les internautes (CE, PE) ▷ comprendre un tableau statistique sur l'utilisation d'Internet (CE, PE) ▷ exprimer des quantités (CE, PE) ▷ caractériser (CE, PE)	▷ comprendre le résumé oral d'un débat (CO, PO) ▷ repérer les spécificités de l'oral (CO) ▷ rapporter des idées (CO, PO) ▷ comprendre un article résumant une étude sur l'état des ados (CE, PE, PO) ▷ comprendre un article d'un magazine culturel sur une activité artistique (CE, PO, PE)	▷ comprendre un titre du journal télévisé (CO) ▷ comprendre une biographie (CE) ▷ comprendre un écrivain délivrant un message sur la littérature (CO, PO) ▷ caractériser (CO, PO) ▷ comprendre un extrait de l'autobiographie de Le Clézio (CE, PE) ▷ comprendre des images littéraires (CE, PE) ▷ comprendre un extrait d'un livre de Le Clézio (CE, PE) ▷ raconter de façon « littéraire » (PE)
Grammaire	▷ le style indirect au passé ▷ l'accord du participe passé avec *être, avoir* et les verbes pronominaux ▷ le pronom *dont*	▷ les marques de l'oral : interruptions, répétitions, *quoi, là*, négation ▷ le style indirect	▷ les présentatifs ▷ le rôle et la place des adjectifs dans la littérature ▷ le passé simple dans le récit littéraire
Lexique	▷ Internet ▷ les réseaux sociaux ▷ le concert ▷ les quantités, les pourcentages	▷ l'adolescence ▷ la psychologie ▷ l'autorité ▷ la mode : les vêtements, les styles vestimentaires	▷ la vie littéraire ▷ la littérature ▷ les voyages en bateau ▷ le désert
Phonétique	▷ $[l], [n], [r]$	▷ e, é, è, ê : $[e]$ ou $[\varepsilon]$?	▷ les consonnes géminées
Socioculturel	▷ une sortie : le concert ▷ Le réseau social Facebook ▷ La place et le rôle d'Internet	▷ être ado aujourd'hui ▷ une activité culturelle originale : regrouper les styles vestimentaires	▷ le journal télévisé ▷ le prix Nobel de littérature ▷ Le Clézio ▷ les images littéraires ▷ l'autobiographie

► MODULE 4 - p.79 PROJET : CRÉATION D'UNE PLANCHE DE BANDE DESSINÉE

	SÉQUENCE 10-p.80	SÉQUENCE 11-p.86	SÉQUENCE 12-p.92
Communication	▷ comprendre un débat sur l'Union européenne (CO, PO) ▷ exprimer son accord/son désaccord (CO, PO) ▷ exprimer son accord avec restriction (CO, PO) ▷ donner son point de vue (CO, PO) ▷ proposer/suggérer (CO, PO) ▷ comprendre un récit historique : l'histoire de l'UE (CE, PE) ▷ situer des faits dans le temps (CE, PE) ▷ comprendre un article de magazine sur l'histoire d'une invention technologique (CE) ▷ dater un événement historique (CE, PE) ▷ indiquer des dimensions (CE, PE) ▷ indiquer une vitesse (CE, PE) ▷ convaincre : exprimer avec certitude un événement futur (CE, PE) ▷ indiquer le futur immédiat d'un événement (CE, PE)	▷ faire des reproches (CO, PO) ▷ exprimer des regrets (CO, PO) ▷ prêter/emprunter un objet (CO, PO) ▷ comprendre un horoscope (CE, PE) ▷ faire des constats ; faire des prédictions ; donner des conseils (CE, PE) ▷ parler de quelqu'un/quelque chose que l'on ne connaît pas (CE, PE) ▷ comprendre des planches de BD sur des prédictions, des hypothèses (CE) ▷ faire des prédictions (2), des hypothèses (CE, PE) ▷ faire des hypothèses dans le passé (CE, PE) ▷ faire des reproches, exprimer des regrets (2) (CE, PE)	▷ comprendre un document sur le fonctionnement des institutions européennes (CE) ▷ proposer une loi (CE, PO, PE) ▷ comprendre un poème de du Bellay (CO, CE, PO) ▷ comprendre une chanson contemporaine sur un poème de du Bellay (CO) ▷ mettre en musique un poème de Ronsard (CE, PO) ▷ se sensibiliser à des accents français « régionaux » et « nationaux » (CO)
Grammaire	▷ l'indicatif/le subjonctif ▷ le conditionnel ▷ le présent historique ▷ *quand* + futur, futur ▷ *être sur le point de* + infinitif	▷ les verbes *devoir, pouvoir, aimer* ▷ le présent dans les constats ; le futur et le futur proche dans les prédictions ; l'impératif dans les conseils ▷ les pronoms indéfinis : *quelque chose, rien (ne)* ; *quelqu'un, personne (ne)* ▷ le conditionnel passé ▷ *si* + présent, futur - *quand* + futur, futur ▷ *si* + imparfait, conditionnel présent ▷ *si* + plus-que-parfait, conditionnel passé	
Lexique	▷ dates et chronologie ▷ l'aviation ▷ l'Europe	▷ la conduite (routière) ▷ le prêt/l'emprunt ▷ l'horoscope : les signes, les rubriques	▷ les institutions européennes ▷ la politique ▷ les symboles des États ▷ la poésie ▷ la langue des poètes du XVIᵉ siècle ▷ quelques expressions « régionales »
Phonétique	▷ la prononciation de *plus*	▷ les virelangues	▷ quelques accents « régionaux »
Socioculturel	▷ citoyen européen ▷ l'Union européenne ▷ une invention européenne : l'autogire	▷ les deux-roues ▷ les règles de conduite (routière) ▷ l'horoscope ▷ BD : *Le Chat, Astérix*	▷ les institutions européennes ▷ les symboles de l'Europe, de la France ▷ Du Bellay, Ronsard ▷ une chanson sur un poème de du Bellay ▷ les accents « régionaux » du français

ET TOI ? MODE D'EMPLOI

Pour chaque activité, un pictogramme t'indique ce que tu vas faire :

Parler

Lire

Écrire

Tu entendras un enregistrement pour chaque activité précédée d'un 🎯

▷ **Tu retiens des manières de dire.**

➤ LES EXPRESSIONS POUR...

Répondre positivement : Oui. Tout à fait.
Répondre négativement : Absolument pas.
Répondre avec hésitation : Oui, mais…
Répondre en expliquant : Eh bien…

▷ **Tu connais les conjugaisons.**

Le passé simple

Les verbes en -er :
Chercher : Il/Elle/On chercha
    Ils/Elles cherchèrent

Les verbes en -ir(e) :
Découvrir : Il/Elle/On découvrit
    Ils/Elles découvrirent

Les verbes en -oir(e) :
Pouvoir : Il/Elle/On put
Ils/Elles purent

Les verbes en -enir :
Venir : Il/Elle/On vint
Ils/Elles vinrent

▷ **Tu découvres des mots, des expressions.**

AU FAIT !

Avoir les idées claires =
connaître, savoir ce qu'il faut faire.
Être de la poudre aux yeux =
Être inutile.

▷ **Tu comprends le fonctionnement de la langue**

Pour communiquer et structurer

ORGANISER LE DISCOURS (2)
Ajouter une information
▷ Et : Ils stimulent… **et** favorisent…
▷ De plus : **De plus**, un contact fréquent…

▷ **Tu connais des mots, des expressions sur un thème.**

LES MOTS DES...
Statistiques/Quantités

47 % (quarante-sept pour cent)
moins nombreux
un sur deux
près de 30 %
près d'un parent sur quatre

▷ **Tu découvres des particularités et des personnages français.**

Culture & Compagnie

L'éducation civique est enseignée dans les cours d'histoire-géo. Il s'agit de former à la citoyenneté en abordant, sous forme de débats, les principes des valeurs fondamentales (droits, pouvoirs, libertés, etc.) de la vie politique et sociale

MODULE 1 > IL VAUT MIEUX ALLER CHEZ LE BOULANGER QUE CHEZ LE MÉDECIN

SÉQUENCE 1

> QUAND LA SANTÉ VA, TOUT VA !

- Tu comprends une émission de radio sur la santé
- Tu utilises l'interrogation directe et indirecte
- Tu comprends un texte Internet qui donne des conseils pour combattre l'acné
- Tu sais indiquer une majorité et une minorité
- Tu sais marquer l'opposition entre deux idées
- Tu peux comprendre et donner des conseils
- Tu sais ajouter une information
- Tu utilises l'adjectif participe présent
- Tu comprends une BD sur les problèmes de peau
- Tu théâtralises une BD

SÉQUENCE 2

> L'APPÉTIT VIENT EN MANGEANT

- Tu comprends un dialogue à la cantine
- Tu comprends un menu
- Tu exprimes la quantité
- Tu utilises le pronom en
- Tu exprimes un goût
- Tu proposes/Tu demandes quelque chose à quelqu'un
- Tu commandes à la cantine, au restaurant
- Tu comprends un texte Internet sur l'alimentation des ados
- Tu indiques une limite
- Tu sais marquer l'opposition et la concession entre deux idées
- Tu fais un sondage sur l'alimentation dans ta classe
- Tu comprends des affiches institutionnelles sur l'alimentation
- Tu comprends les conseils oraux d'un diététicien
- Tu élabores la liste des courses pour une journée de repas équilibrés

SÉQUENCE 3

> VENTRE AFFAMÉ N'A POINT D'OREILLE

- Tu comprends une affiche institutionnelle sur l'alimentation
- Tu exprimes la manière: tu utilises le gérondif
- Tu crées une affiche pour sensibiliser à l'alimentation et la santé
- Tu comprends un article de magazine sur le problème mondial de l'alimentation
- Tu proposes des solutions contre la faim dans le monde
- Tu écoutes et lis un extrait de pièce de théâtre du XVIIe siècle
- Tu joues un extrait d'une pièce de Molière
- Tu comprends une recette
- Tu écris une recette

 PROJET TU ORGANISES ET TU PARTICIPES AU CONCOURS « SUPER SANDWICH »

> ATTENTION LES YEUX !

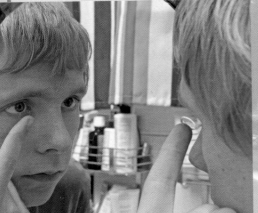

PHILIPPE : Vous êtes sur Radio Ados, il est 18 h, l'heure de retrouver Manu pour son émission *Quoi de neuf, Docteur ?* Salut, Manu !

MANU : Salut, Philippe, merci. Salut à tous ! Cette semaine, le thème de l'émission, c'est la vue ! Vous avez des questions, des doutes, des problèmes avec votre vue… N'hésitez pas à nous appeler ; ce soir, un spécialiste des yeux pour vous répondre, l'ophtalmologiste Michel Girouin. Bonjour, Docteur !

DOCTEUR GIROUIN : Bonjour, Philippe !

MANU : Alors, la première question, c'est moi qui vous la pose : un ophtalmologiste – ou ophtalmo, c'est plus facile ! – qu'est-ce que c'est exactement ?

DOCTEUR GIROUIN : Eh bien, un ophtalmologiste est un médecin spécialiste de la vue. Il étudie et soigne les yeux.

MANU : Je crois que Valentine est en ligne… Bonsoir, Valentine ! Tu as une question pour le docteur Girouin.

VALENTINE : *Oui, bonsoir ! Est-ce que la conjonctivite est une maladie ?*

DOCTEUR GIROUIN : Oui ! tout à fait ! C'est une maladie des yeux très fréquente. Mais elle reste très souvent bénigne, sans gravité et on arrive à la soigner.

MANU : Nous avons Émile au téléphone.

ÉMILE : *Bonsoir. Je voudrais savoir si la myopie est contagieuse.*

DOCTEUR GIROUIN : Absolument pas ! La myopie ne peut pas être transmise à d'autres personnes ; elle est due à la taille de l'œil. Il n'y a aucun risque de contagion.

MANU : Victoire, tu nous entends ?

VICTOIRE : *Oui, ma question concerne le maquillage. J'ai des lentilles ; est-ce que je peux me maquiller quand je les porte ?*

DOCTEUR GIROUIN : Oui… mais attention aux maquillages. Certains peuvent favoriser des infections oculaires. Mieux vaut acheter ses produits en pharmacie, et surtout, bien se démaquiller avant de se coucher !

MANU : Bien ! On fait une petite pause publicitaire et on se retrouve dans quelques minutes pour d'autres questions sur les yeux et la vue en général. À tout de suite !

1-PISTE 2

1 *Écoute et coche la bonne réponse :*

	VRAI	FAUX
1. C'est une émission de radio.	☑	☐
2. On entend quatre personnes.	☐	☑
3. Un médecin répond à des questions d'ados.	☑	☐
4. On parle de lunettes.	☐	☐

1-PISTE 2

2 *Écoute encore.*

a) *Quel est le thème de l'émission ?*
La santé des yeux.

b) *Qui demande quoi ?* Relie :

Valentine : ● — ● *Peut-on se maquiller avec des lentilles ?*
Émile : ● — ● *La myopie est-elle contagieuse ?*
Victoire : ● — ● *La conjonctivite est-elle une maladie ?*
Manu : ● — ● *Un ophtalmologiste, qu'est-ce que c'est ?*

c) *Note exactement les quatre questions posées :* **1.** … ? **2.** … ? **3.** … ? **4.** … ?

1. Un ophtalmo, qu'est-ce que c'est exactement.
2. Est-ce que la conjonctivite est une maladie ?
3. Je voudrais savoir si la myopie est contagieuse.
4. Est-ce que je peux se maquiller quand je porte les lentilles.

Pour communiquer et structurer

L'INTERROGATION DIRECTE/INDIRECTE

Est-ce que la myopie est une maladie ?
Qu'est-ce que c'est ?

Je voudrais savoir **si** la myopie est contagieuse.
Je voudrais savoir **ce que** c'est.

1-PISTE 2

3 *Écoute encore.*

a) *Classe les réponses du médecin :*

Réponse positive : ● ● On peut se maquiller avec des lentilles.
Réponse négative : ● ● La conjonctivite est une maladie.
Réponse positive avec hésitation : ● ● Un ophtalmologiste est un médecin spécialiste de la ~~peau~~. *vue*
Réponse avec explication : ● ● La myopie n'est pas contagieuse.

b) *Relève les quatre expressions qui introduisent ses quatre réponses :*

1. ... **2.** ... **3.** ... **4.** ...

| *Eh Bien* | *Oui Tout à fait* | *Absolument pas* | *Oui, mais* |

> **LES EXPRESSIONS POUR...**

Répondre positivement : Oui. Tout à fait.
Répondre négativement : Absolument pas.
Répondre avec hésitation : Oui, mais...
Répondre en expliquant : Eh bien...

1-PISTE 2

4 *Écoute et lis le dialogue.*
Relève tous les mots en relation avec la médecine et classe-les :

Médecin	Maladie	Vue
Docteur, spécialiste, ophtalmologiste, ophtalmo, pharmacie, il soigne, étudie	*conjonctivite, myopie, contagieuse, transmise, contagion, infection oculaire*	*yeux, taille de l'œil, lentilles, oculaires, myopie*

5 **Voici d'autres médecins spécialistes.** *Trouve leur spécialité :* *bénigne*

Pédiatre :

Pneumologue :

Pharmacien :

Dermatologue :

Dentiste :

Oto-rhino-laryngologiste (ORL) :

- il soigne les dents. — *dentiste*
- il vend les médicaments. — *pharmacien*
- il soigne les enfants. — *pédiatre*

- il soigne la gorge, le nez, les oreilles. *ORL*
- il soigne les poumons. *Pneumologue*
- il soigne la peau, mais aussi les cheveux et les ongles.
  dermatologue

6 **À toi !**

En groupes, prépare trois questions à poser au docteur Girouin à propos de la vue, des yeux. Trouve trois réponses, puis joue ton dialogue devant la classe (un élève joue le docteur Girouin, les autres posent leur question au téléphone).

LES MOTS DE LA... Médecine

le docteur : un médecin
le spécialiste ; *ex.* : un ophtalmologiste (ophtalmo)
la maladie bénigne : sans gravité
la maladie contagieuse : qui se transmet
la contagion *transmissible*
transmettre une maladie
soigner une maladie
la pharmacie
la conjonctivite, la myopie
les lentilles, les lunettes

http://www.medecine.com

Avoir les idées claires face aux points noirs

Dans les sociétés occidentales, l'acné concerne 79 à 95 % des adolescents. Environ 60 % des enfants de 12 ans et 95 % des adolescents de 18 ans souffrent de ces boutons disgracieux.

À l'adolescence, l'acné peut avoir des retentissements psychologiques importants. Pour la plupart d'entre nous, quelques précautions simples permettent d'éviter ces éruptions cutanées. Mais pour d'autres, la situation est plus préoccupante. Des traitements permettent cependant de limiter l'apparition des boutons, points noirs et autres pustules disgracieux.

Les principaux conseils de base

Conseils de base	Pourquoi ?
Ne pas utiliser de savons dégraissants, type savon de Marseille	Ils stimulent la sécrétion de <u>sébum</u> et favorisent l'apparition ou l'aggravation de l'acné.
Pas de lavages draconiens ou trop fréquents	Un lavage quotidien avec un gel nettoyant spécifique ou un savon dermatologique est largement suffisant.
Ne pas appliquer trop souvent d'antiseptiques	Un déséquilibre de la flore bactérienne cutanée favorisera le développement des bactéries <u>pathogènes</u>. De plus, un contact fréquent avec certains produits peut entraîner un eczéma.
Ne pas « tripoter » ses boutons	Il y a un risque de surinfection bactérienne et un bouton éclaté laissera la place à un beau « trou » en guise de cicatrice.
Attention aux maquillages !	Certains favorisent parfois la formation des boutons et points noirs.
Ne pas copier le traitement d'un(e) ami(e)	Chaque type d'acné a son traitement et ceux-ci ne sont pas dénués de risque.
Éviter le soleil	Son effet anti-inflammatoire n'est que de la poudre aux yeux et les boutons reviennent dès l'arrêt des expositions. De plus, de nombreux médicaments antiacnéiques sont photosensibilisants et sont donc incompatibles avec une exposition au soleil.

Terminé

---

1 **Observe le document.**

Il s'agit : ☐ d'un article de magazine. ☑ d'une page d'un site web. ☐ d'un guide de santé.

2 **Lis l'introduction.**

a) **Quel est le thème ?** *Les problèmes de peau (l'acné) et la lutte contre cette maladie*

b) **Vrai ou faux ?** *Justifie par une phrase du texte :*

	VRAI	FAUX
1. On a plus d'acné à 18 ans qu'à 12.	☑	☐
2. La majorité des ados ont une acné sévère.	☐	☑
3. Il existe des solutions pour réduire l'acné.	☑	☐

> **AU FAIT !**
> Avoir les idées claires = connaître, savoir ce qu'il faut faire.
> Être de la poudre aux yeux = Être inutile.

Pour communiquer et structurer

ORGANISER LE DISCOURS (1)

Exprimer l'opposition

Pour marquer l'opposition entre deux idées, on utilise *mais* ou *cependant* :

Mais pour d'autres, la situation est préoccupante.

Des traitements permettent **cependant** de limiter l'acné.

 LES EXPRESSIONS POUR...

Pour indiquer une majorité et une minorité :
Pour la plupart,...
mais pour d'autres...

3 *Lis le tableau (colonne des « conseils »). Vrai ou faux ?*

	VRAI	FAUX
1. Il faut se laver souvent le visage.	☐	☑
2. Il faut se désinfecter souvent.	☐	☑
3. Il ne faut pas toucher ses boutons.	☑	☐
4. On peut prendre les médicaments d'un(e) ami(e).	☐	☑
5. Le soleil n'est pas recommandé.	☑	☐

Pour communiquer et structurer

DONNER DES CONSEILS (RAPPEL)

▷ *Ne pas* + verbe à l'infinitif : **Ne pas** utiliser.
▷ *Attention à* + nom : **Attention aux** maquillages.

▷ Verbe à l'infinitif : **Éviter** le soleil.
▷ *Pas de* + nom : **Pas de** lavages.

4 *Lis le tableau (colonne des « pourquois »).*

a) *Relève les termes scientifiques ; cherche leur explication dans un dictionnaire.*

b) *Lorsqu'il y a deux « pourquoi », quels sont les mots utilisés pour introduire le second ?*

Pour communiquer et structurer

ORGANISER LE DISCOURS (2)

Ajouter une information

▷ Et : Ils stimulent… **et** favorisent…
▷ De plus : **De plus**, un contact fréquent…

> **LES MOTS DE LA...**
>   *Peau*
>
> l'acné
> le bouton
> le point noir
> l'éruption cutanée
> la pustule
> le sébum
> la flore cutanée
> le savon dermatologique

5 *Relie à l'adjectif équivalent :*

Des savons qui dégraissent : ●   ● suffisant
Un gel qui nettoie : ●   ● dégraissant
Un lavage qui suffit : ●   ● nettoyant

Pour communiquer et structurer

CARACTÉRISER : L'ADJECTIF PARTICIPE PRÉSENT

Le participe présent de certains verbes peut servir d'adjectif. Il s'accorde alors avec le nom.
Pour construire le participe présent :
verbe conjugué au présent avec *nous*, on supprime -*ons*, on remplace par -*ant* :
Nous nettoyons → nettoy**ant**
Un gel nettoy**ant**, des gel**s** nettoy**ants**, une crème nettoy**ante**, des crèmes nettoy**antes**.

6 *Pour un site, donne six conseils de base pour des « dents blanches ».*
Commence par une petite introduction. Présente ton travail dans un tableau :

Avoir les idées claires face aux dents blanches !

Conseils de base	Pourquoi ?

Les ADOS Laura et Ludo par FLORENCE CESTAC

Couleurs : Alteau

1 ***Regarde la BD sans lire.***

Où se passe l'histoire?
Que fait Laura à Ludo?

2 ***Lis la BD.***

Remets l'histoire dans l'ordre:

Ludo n'est pas content du résultat: vignette 1
Ludo trouve que la serviette est trop chaude: vignettes 2 et 3
Laura pose un masque à Ludo: vignette 4
Laura trouve Ludo laid avec ses boutons: vignettes 5 et 6
Laura retire les points noirs de Ludo: vignette 7
Laura propose à Ludo de lui faire un soin de visage: vignette 8
Ludo trouve que la crème fait mal: vignette 9

3 ***Le français parlé!***

a) ***Trouve l'équivalent des expressions suivantes dans la BD:***

- Beaucoup de ▷ *Plein de,*
- Superbe, parfaite ▷ *Super! On dirait...*
- Je ne suis pas ▷ *Ch'uis pas une Nana*
- Tu es ▷ *T'es*
- Une fille ▷ *Douillet / Nana*

b) ***Qu'est-ce qu'on dit quand...***

- on a mal *(deux expressions)* ▷ *Ouilla Aïe*
- on trouve quelque chose laid ou mauvais ▷ *Beurk*
- on veut de l'aide (SOS) ▷ *...*
  Au secours.

4 ***Ça pique ou ça brûle?***

a) ***Classe dans le tableau:***

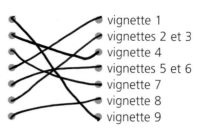

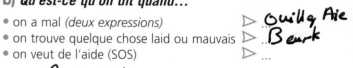

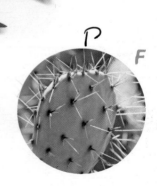

Ça pique	Ça brûle
C, D, F	A, B, E

AU FAIT!
Quelqu'un qui est sensible à la plus petite douleur, qui a peur d'avoir mal, on dit qu'il/elle est douillet/douillette.

b) ***Trouve d'autres choses qui piquent et qui brûlent (tu peux les dessiner).*** *un lance-flammes*

5 ***À toi!***

À deux, jouez la BD comme une scène de théâtre: apprenez les dialogues, respectez les gestes, les expressions. Trouvez le ton correspondant aux sentiments des personnages.
Vous pouvez ajouter des dialogues, si vous le souhaitez. Quelques groupes jouent devant la classe.

SÉQUENCE 2

> QU'EST-CE QU'ON MANGE?

NICOLAS: Agathe, qu'est-ce qu'il y a à manger aujourd'hui? J'ai faim!

AGATHE: Tu n'as pas vu le menu? Du steak avec des frites ou des haricots verts.

NICOLAS: Ah! encore des haricots verts! Je déteste la cantine! Je vais prendre un steak avec plein de frites!

AGATHE: En entrée: salade de concombres ou pâté?

NICOLAS: Pâté! Je n'aime pas les légumes!

LE CUISINIER: Bonjour! Qu'est-ce que vous prenez aujourd'hui?

AGATHE: Bonjour, monsieur! Un steak avec des haricots verts, s'il vous plaît.

LE CUISINIER: Et toi?

NICOLAS: Moi, pas de haricots verts, je n'en veux pas! Je voudrais des frites avec mon steak.

LE CUISINIER: Bon! un steak-frites, voilà!

NICOLAS: Euh... je peux en avoir un peu plus, s'il vous plaît?

LE CUISINIER: Eh bien! tu as de l'appétit quand il y a des frites! Ça va, là?

NICOLAS: Je peux en avoir encore un peu?

LE CUISINIER: Tu en as assez, ça suffit!

NICOLAS: Pff... et comme dessert, je vais prendre une mousse au chocolat.

AGATHE: Moi, je préfère un fruit; je prends une pomme.

NICOLAS: C'est dommage qu'il n'y ait pas de soda à boire!

AGATHE: De l'eau, c'est très bien quand on a soif! Dis donc, il n'est pas très équilibré ton repas, c'est pas bon pour la santé!

NICOLAS: Arrête! On dirait ma mère!

AGATHE: Il y a deux places à la table de Marie, on y va?

NICOLAS: Oh, oui! Salut, Marie! Bon appétit!

MARIE: Salut, Nicolas! Merci! Bon appétit à toi aussi! Ouh! tu as beaucoup de frites! Tu m'en donnes?

NICOLAS: Euh...

1-PISTE 3

1 Écoute.

1. Agathe et Nicolas sont: ☑ à la cantine du collège. ☐ au restaurant. ☐ au fast-food.

2. C'est: ☐ le matin. ☑ à midi. ☐ l'après-midi. ☐ le soir.

1-PISTE 3

2 Écoute encore.

a) *Qui prend quoi?* Relie:

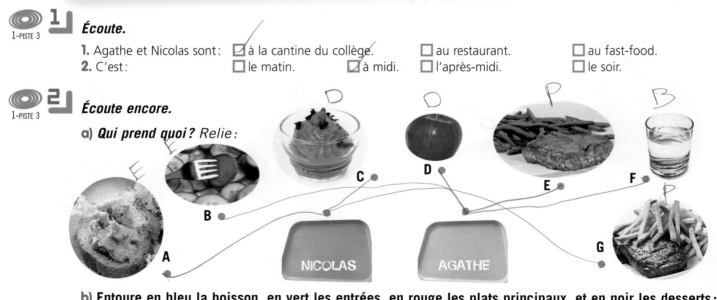

b) **Entoure en bleu la boisson, en vert les entrées, en rouge les plats principaux, et en noir les desserts:**

1-PISTE 3

3 Écoute et lis.

a) **Nicolas veut plus de frites.** ☑ VRAI ☐ FAUX *Relève les phrases exactes:* ▷ ...

b) *Choisis la bonne réponse.* Relève la phrase exacte:

☐ Le cuisinier ne veut pas lui donner plus de frites.
☑ Le cuisinier lui ajoute des frites une seule fois.
☐ Le cuisinier lui ajoute des frites deux fois.

) ▷ Eh bien! tu as de l'appétit quand il y a des frites.

c) **Marie demande des frites à Nicolas.** ☑ VRAI ☐ FAUX *Relève la phrase exacte:* ▷ ...

Ouh, tu as beaucoup de frites! Tu m'en donnes?

Tu peux avoir des frites
Tu peux en avoir...

Pour communiquer et structurer

EXPRIMER LA QUANTITÉ (RAPPEL)

▷ Quand on peut compter : *un, deux, trois...* **Un** steak.

▷ Quand on ne peut pas compter : *du, de la, des.* **Des** haricots verts.

▷ Quand on a une idée sur la quantité : *pas de, un peu de, assez de, beaucoup de, trop de.*
Beaucoup de frites.

⚠ Quand on exprime un goût : *le, la, les.* Je déteste **les** haricots verts, j'aime **les** frites.

INDIQUER LA QUANTITÉ : LE PRONOM *EN*

En remplace une quantité :

▷ imprécise : Je peux **en** avoir un peu plus ? Je peux **en** avoir encore un peu ? Tu m'**en** donnes ?
Tu **en** as assez !   ***en* = *des*** frites (« Je ne sais pas combien de frites. »)

▷ zéro : Je n'**en** veux pas.   ***en* = *pas de*** frites (**0** frite.)

En se place :

        – avant le verbe : Tu **en** as.

        – avant l'infinitif quand il y a deux verbes : Je peux **en** avoir ?

        – après *ne* à la forme négative : Je n'**en** veux pas.

en → un, une, de,
de la, des
réponse pour
une question

► LES EXPRESSIONS POUR...

Commander à la cantine, au restaurant :

– Qu'est-ce que vous prenez ?

– Je voudrais/Je prends un steak-frites.
– Un steak-frites, s'il vous plaît.

– Vous en avez assez ?
– Vous en voulez plus/moins ?

– Je peux en avoir un peu plus/moins ?

► LES EXPRESSIONS POUR...

Proposer/demander quelque chose à quelqu'un :

– Tu en veux ?   – Non, je n'en veux pas./– Oui, j'en veux.
– Tu m'en donnes ?

4 ***Réponds aux questions.***

Utilise le pronom en :

Exemple : – Tu veux des frites ?   ▷ – *Oui, j'**en** veux.*

1. – Tu veux de l'eau ?   – Oui, j'en veux.
2. – Vous voulez des concombres ? – Non, je n'en veux.
3. – Tu veux plus de frites ?   – Oui, j'en veux plus.
4. – Tu nous donnes du pâté ?   – Oui, j'en donne.

LES MOTS DES... Repas

l'entrée
le plat (principal)
le dessert
la boisson
Avant de manger :
Bon appétit !

J'AI FAIM !

J'AI SOIF !

5 ***Et toi ?***

Que penses-tu du repas de Nicolas ?
Pourquoi n'est-il pas équilibré ?

6 ## À toi !

Regarde ce menu de cantine. Choisis ton repas. À trois (un[e] cuisinier[ère], deux collégien[ne]s),
vous êtes à la cantine, vous commandez. Jouez devant la classe.

	entrée	salade de tomates	salade verte	saucisson
	plat principal	steak / poisson		
		frites	riz	pâtes	carottes
	dessert	fromage	yaourt	tarte aux pommes	salade de fruits
	boisson		eau	

LA CRISE D'ADO AU MENU

Alors que la croissance s'accélère et que les besoins alimentaires sont très importants, l'adolescence est la période d'opposition aux parents. Et les repas seront bien sûr un point de contestation important ! Pourtant :

- l'ado doit <u>manger de tout et surtout des fruits et légumes</u> pour éviter les carences* ;
- le <u>fer</u> et le <u>calcium</u> sont les deux éléments incontournables à cet âge ;
- l'activité physique est essentielle chez l'ado pour aider à la constitution des os.

Au moins cinq : c'est possible !

Le gouvernement a ainsi lancé la recommandation suivante : il faut manger 5 fruits et légumes par jour. Il s'agit là bien sûr d'un minimum, qu'il ne faut pas hésiter à dépasser ! Le moyen le plus simple de s'y tenir est par exemple :

- un fruit au petit déjeuner, au goûter ou en cas de fringale** dans la journée ;
- un légume et un fruit au déjeuner ;
- un légume et un fruit au dîner.

De plus, et contrairement aux idées reçues, les fruits et légumes ont des vertus pour la santé qu'ils soient cuits ou crus, frais, surgelés ou en conserve. Or, le constat est alarmant : plus de 60 % des Français n'en consomment pas suffisamment. Pourtant, ils sont les alliés indispensables de votre santé. Vous pouvez donc à la fois varier les sources et garder vos habitudes alimentaires.

Sans oublier de vous faire plaisir !

Frais, en conserve ou surgelés, les fruits et légumes protègent votre santé !

* des carences = des manques   *** une fringale = avoir faim*

Terminé

---

1   *Observe le document.*

De quel site web vient-il ?
Quel est le thème ? L'Alimentation des ados.

2   *Lis.*

1. Ce document s'adresse : ☐ aux ados.   ☐ aux parents.   ☑ aux ados et aux parents.

2. Il donne : ☑ des conseils.   ☐ des ordres.   ☐ des interdictions.

3   *Trouve dans le document les quatre repas de la journée et classe-les :*

	Repas
le matin	le petit-déjeuner
le midi	le déjeuner
l'après-midi	le goûter
le soir	le dîner

4   *Il faudrait manger chaque jour :*

☐ 5 fruits et légumes ou moins.   ☐ 5 fruits et légumes exactement.   ☑ 5 fruits et légumes ou plus.

Relève la phrase exacte : ▷ …

> **LES EXPRESSIONS POUR…**
>
> Donner une limite :
> C'est un minimum. Au minimum. = pas moins, mais c'est possible plus.
> C'est un maximum. Au maximum. = pas plus, mais c'est possible moins.
> 5 fruits et légumes, il s'agit d'un minimum.

5 a) *Quels sont les besoins des ados ?*

1. La majorité des Français mangent assez de fruits et légumes.
2. Les fruits et légumes sont bons pour la santé.

VRAI   FAUX
☐   ☐
☑   ☐

Est-ce logique ?
Trouve la phrase exacte dans le document.

b) *Comment peut-on manger les fruits et légumes ?*

Pour communiquer et structurer

ORGANISER LE DISCOURS (3)
Exprimer l'opposition/la concession
Pour montrer que deux idées s'opposent, ne sont pas logiques, on utilise :
▷ *Pourtant* : Plus de 60 % des Français ne consomment pas assez de fruits et légumes. **Pourtant**, ils sont bons pour la santé.
▷ *Or* : Les légumes sont bons pour la santé qu'ils soient cuits… **Or**, les Français n'en consomment pas assez.
▷ *Contrairement à* : **Contrairement aux** idées reçues, les légumes surgelés sont bons pour la santé.

LES MOTS DES…
Fruits et légumes

frais ≠ surgelés, en conserve
crus ≠ cuits

6 *Et toi ? Tu manges des fruits et légumes ?*
Quels sont les fruits et légumes que tu manges : souvent, rarement, jamais ?
Quels sont les fruits et légumes que tu manges : crus, cuits, les deux ?

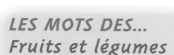

Poire   Banane   Orange   Carotte
Cerise   Pomme   Raisin   Tomate   Courgette   Salade   Abricot   Fraise   Poivron   Chou-fleur   Haricots verts   Petits pois   Concombre

7 *À toi !*

Fais un sondage dans la classe. Présente les résultats sous forme de tableau, tu peux calculer des pourcentages.

- Mangent au minimum 5 fruits et légumes par jour.
- Mangent moins de 5 fruits et légumes par jour.
- Mangent des fruits au petit déjeuner.
- Mangent des légumes au petit déjeuner.
- Les deux fruits et les deux légumes préférés de la classe.
- Les deux fruits et les deux légumes les moins aimés dans la classe.

VOS REPÈRES DE CONSOMMATION

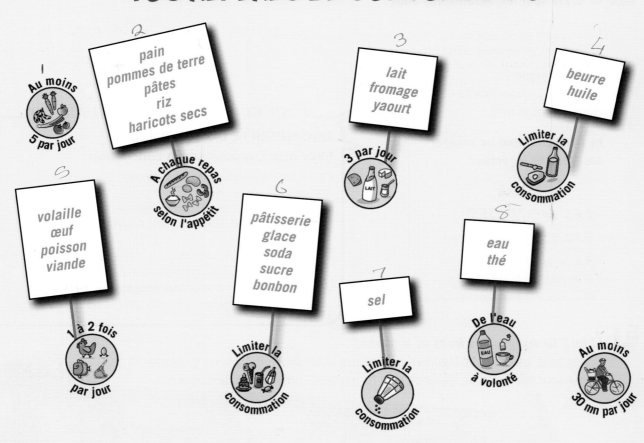

1 Observe le document et retrouve le nom de chaque groupe :

pain, céréales, pommes de terre et légumes secs

lait et produits laitiers

sel

matières grasses

viandes, volailles, produits de la pêche et œufs

fruits et légumes

produits sucrés

activité physique

boissons

2 Classe :

Les aliments que l'on peut manger plusieurs fois par jour.	Les aliments que l'on peut manger au maximum deux fois par jour.	Les aliments qu'il ne faut pas trop manger.
1, 2, 3, 8 (l'eau).	5, 8 (du thé)	4, 6 et 7

3 Et toi ?

Qu'est-ce que tu manges ? Combien de fois par jour ?

1-PISTE 4

À toi !

Écoute ces conseils d'un diététicien (médecin spécialiste de l'alimentation) pour chaque repas.
Puis, en groupes, complétez la liste des courses dans le document ci-dessous: indiquez les produits
à acheter, à utiliser pour une journée. Choisissez ce que vous préférez parmi les aliments.
Comparez votre liste avec celles des autres groupes! Choisissez la liste la plus équilibrée!

Programme
National
Nutrition
Santé

LA SANTÉ VIENT
EN MANGEANT ET EN BOUGEANT

LA SANTÉ VIENT
EN MANGEANT

▶ Fruits et legumes
au moins 5 par jour

▶ Pains, céréales,
pommes de terre et
légumes secs
à chaque repas et
selon l'apétit

▶ Lait et produits
laitiers (yaourts,
fromages)
3 fois par jour

▶ Viandes et volailles
produits de la pêche
et œufs
1 à 2 fois par jour

▶ Matières grasses
ajoutées
limiter la
consommation

▶ Produits sucrés
limiter la
consommation

▶ Boissons
de l'eau à volonté

▶ Sel
limiter la
consommation

▶ Activité physique
au moins
l'équivalent d'une
demi-heure
de marche
rapide par jour

Handwritten notes (top left):
participe présent
être → étant
avoir → ~~av~~ ayant
PP → nous ___ -ons
-ant

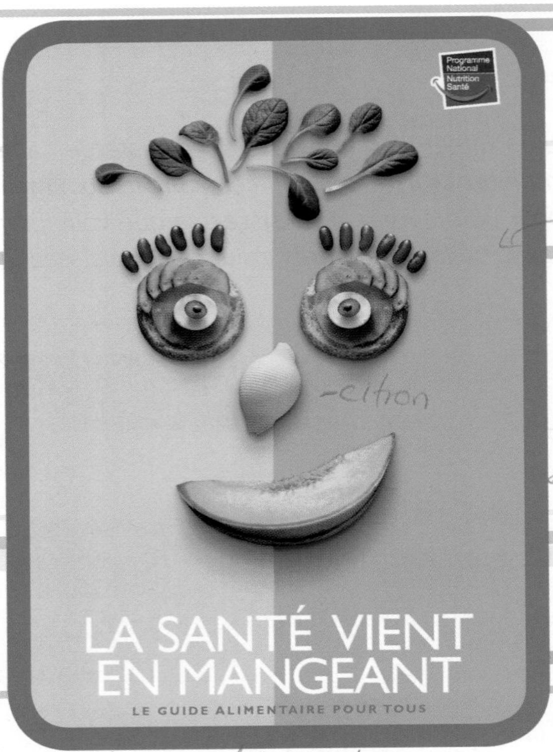

Handwritten note (right): le haricots rouges

Handwritten note (left): en + PP = le gérondif

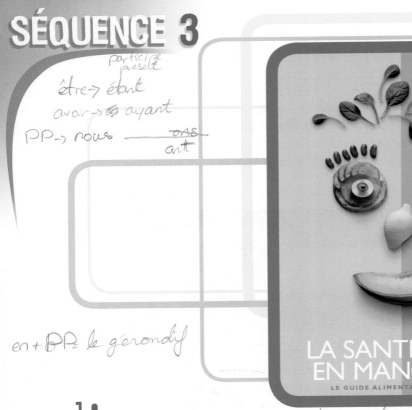

LA SANTÉ VIENT EN MANGEANT
LE GUIDE ALIMENTAIRE POUR TOUS

Handwritten labels on image: -citron, -cantalop

1 **Observe le document.**

a) Qu'est-ce que c'est ?
De quoi est-il composé ?
Retrouve les fruits et légumes.

Handwritten: La santé vient en consommant des alimentations non polluées

b) La santé vient en mangeant signifie :

☑ Pour être en bonne santé, il faut manger équilibré.
☐ Pour bien manger, il faut être en bonne santé.
☐ Plus on mange, plus on est malade.

Pour communiquer et structurer

EXPRIMER LA MANIÈRE : LE GÉRONDIF

Le gérondif se forme avec le participe présent :
en + participe présent : La santé vient **en** mangeant.
Il est invariable, c'est pratique !

2 **À toi !**

Crée une affiche pour sensibiliser à l'alimentation et la santé. Utilise des fruits et légumes pour le dessin (des vrais ou des photos/dessins) et invente un slogan (avec un gérondif).

Handwritten (left): malbouffe → junk food
sucreries = candy

3 **Observe les documents.**
Quel est leur point commun ?
Connais-tu d'autres associations qui luttent contre la faim ?

Handwritten:
La croix rouge
Salvation Army
UNICEF
Free the Children
Vision Mondiale

Alliance internationale contre la faim

alliés contre la faim

Info-Planète...

860 MILLIONS d'êtres humains sont sous-alimentés, ils souffrent de malnutrition ou sous-nutrition. 30 millions meurent de faim chaque année !

Quelles en sont les causes ?

- Une alimentation insuffisante ou insuffisamment variée ;
- les catastrophes naturelles (tremblements de terre, sécheresses...) provoquent des famines ;
- la pauvreté ;

- la guerre ;
- les maladies ;
- le manque d'eau (un quart de la population mondiale n'a pas accès à l'eau dont elle a besoin) ou la mauvaise qualité de l'eau.

L'envol.

Le coût des aliments monte en flèche. Le monde entier est touché et particulièrement les plus pauvres. Les fluctuations climatiques et la demande accrue en biocarburants font partie du problème. Dans notre quête de solutions, n'oublions pas que *l'alimentation est énergie.*

www.fao.org

Journée mondiale de l'alimentation
16 Octobre 2008

Sécurité alimentaire mondiale :
les défis du changement climatique et des bioénergies

800 MILLIONS, c'est aussi le nombre de personnes qui souffrent de l'obésité dans le monde. Et en France, on compte 23 millions de personnes en surpoids. L'obésité est souvent liée à une malnutrition.

EN FRANCE,
environ 5 millions de personnes
ne mangent pas à leur faim.

La journée mondiale de l'alimentation se déroule le 16 octobre.
Objectif : réduire la faim de moitié d'ici à 2015.

4 ***Lis la page d'*Info-Planète*.***

Quel est le thème ?
Quelles sont les deux conséquences opposées de la malnutrition ?
Quelles sont les causes de la sous-alimentation ?

5 ***Observe et lis l'affiche de la FAO.***

Quelle est la cause principale évoquée de la sous-alimentation ? À quoi est-elle due ?

6 ***Et toi ?***

Que penses-tu de cette situation dans le monde ?
Connaissais-tu la journée mondiale de l'alimentation ?
D'après toi, quelles sont les causes de la sous-nutrition en France ?
Comment l'augmentation de la demande en biocarburants provoque-t-elle l'augmentation du prix des aliments ?

7 ## À toi !

Propose des solutions pour améliorer la situation de la faim dans le monde.
Prépare une affiche sur laquelle tu présentes tes solutions.
Mets des photos, dessine...
Présente ton affiche à la classe.

LES MOTS DE LA...
Santé Alimentaire

La malnutrition : c'est souffrir d'une alimentation déséquilibrée par manque de vitamine par exemple.
La sous-nutrition : c'est ne pas avoir assez à manger.
La famine : c'est lorsqu'une population entière voit disparaître tous ses moyens de subsistance jusqu'à être menacée de mort.
Le surpoids : c'est quand on pèse plus que la normale.
L'obésité : c'est quand on souffre d'un excès de poids, de graisses.

POUR VOUS AIDER :

***Il faut/Il faudrait* + infinitif :**
Il faudrait économiser l'eau.
***On doit/On devrait* + infinitif :**
On doit aider les personnes qui ont faim.
Impératif présent : *Protégeons les populations en danger.*
Gérondif : *En arrêtant les guerres, on évitera les famines.*

Le Malade imaginaire

pièce de Molière en 3 actes, 1673.

*Au XVIIe siècle, à Paris, Argan, bourgeois plein de santé, est épouvanté
par la solitude et la mort.
Il se croit malade et tyrannise sa famille.*

Extrait de la scène x, acte 3 : *Toinette, la servante, se déguise en médecin pour
une consultation spéciale…*

TOINETTE : Qui est votre médecin ?

ARGAN : Monsieur Purgon.

TOINETTE : Cet homme-là n'est point écrit sur mes tablettes entre les grands médecins.
De quoi dit-il que vous êtes malade ?

ARGAN : Il dit que c'est du foie, et d'autres disent que c'est de la rate.

TOINETTE : Ce sont des ignorants ! C'est du poumon que vous êtes malade.

ARGAN : Du poumon ?

TOINETTE : Oui. Que sentez-vous ?

ARGAN : Je sens de temps en temps des douleurs de tête.

TOINETTE : Justement, le poumon.

ARGAN : Il me semble parfois que j'ai un voile devant les yeux.

TOINETTE : Le poumon.

ARGAN : J'ai quelquefois des maux de cœur.

TOINETTE : Le poumon.

ARGAN : Je sens parfois des lassitudes par tous les membres.

TOINETTE : Le poumon.

ARGAN : Et quelquefois il me prend des douleurs dans le ventre, comme si c'était des coliques.

TOINETTE : Le poumon. Vous avez appétit à ce que vous mangez ?

ARGAN : Oui, Monsieur.

TOINETTE : Le poumon. Vous aimez à boire un peu de vin ?

ARGAN : Oui, Monsieur.

TOINETTE : Le poumon. Il vous prend un petit sommeil après le repas, et vous êtes bien aise
de dormir ?

ARGAN : Oui, Monsieur.

TOINETTE : Le poumon, le poumon vous dis-je.
Que vous ordonne votre médecin
pour votre nourriture ?

ARGAN : Il m'ordonne du potage.

TOINETTE : Ignorant !

ARGAN : De la volaille.

TOINETTE : Ignorant !

ARGAN : Du veau.

TOINETTE : Ignorant !

ARGAN : Des bouillons.

TOINETTE : Ignorant !

ARGAN : Des œufs frais.

TOINETTE : Ignorant !

ARGAN : Et le soir, de petits pruneaux pour lâcher le ventre.

TOINETTE : Ignorant !

ARGAN : Et surtout de boire mon vin fort trempé.

TOINETTE : Ignorantus, ignoranta, ignorantum ! Il faut boire votre vin pur ; et ; pour
épaissir votre sang, qui est trop subtil, il faut manger du bon gros bœuf,
de bon gros porc, de bon fromage de Hollande, du gruau et du riz,
et des marrons et des oublies, pour coller et conglutiner.
Votre médecin est une bête. Je veux vous en envoyer un de
ma main, et je viendrai vous voir de temps en temps tandis
que je serai en cette ville.

ARGAN : Vous m'obligerez beaucoup.

TOINETTE : Adieu. Je suis fâché de vous quitter si tôt. [...]
Jusqu'au revoir.

1-PISTE 5

1 *Écoute.*

Qu'est-ce que c'est ?
Qui parle ?
De quoi parlent-ils

1-PISTE 5

2 *Écoute et lis.*

Comment voit-on que Toinette n'est pas un
vrai médecin et qu'elle se moque d'Argan ?

3 *Lis la scène.*

a) *Relève les parties du corps.*
Place leur nom sur le schéma :

b) *Retrouve, dans l'extrait, l'équivalent
des formules actuelles :*

TOINETTE : Je ne le connais pas – vous aimez
boire du vin – vous vous endormez –
vous êtes heureux de dormir – le poumon
quoi ! – de ma part – au revoir.
ARGAN : j'ai mal partout – j'ai mal au
ventre – merci beaucoup.

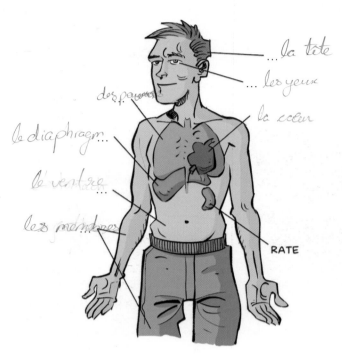

... la tête
... les yeux
la cœur
des p...
le diaphragm...
le ventre...
les membres
RATE

4 **a)** *Lis les conseils alimentaires du vrai médecin et de Toinette.*
Retrouve le nom des aliments dans les dessins :

RÉGIME DU VRAI MÉDECIN

RÉGIME DE TOINETTE

b) *Quel est le régime le plus équilibré ?*

5 *À toi !*

Apprends cet extrait de théâtre. Réfléchis sur la mise en scène.
Si possible, trouve des costumes. Imagine un décor.
Joue la scène devant la classe.

_____ = actions _____ = ustensiles

⌒⌒⌒ = les ingredients ⬭⬭⬭ = l'électroménager

FONDANT AU CHOCOLAT

Préparation : 15 min
Cuisson : 25 min
Temps total : 40 min
Difficulté : Facile

Pour 8 personnes :

- 200 g de chocolat noir
- 150 g de beurre
- 150 g de sucre en poudre
- 50 g de farine
- 3 œufs

Pour commencer, sortez le beurre du réfrigérateur.
Pour le faire ramollir, passez-le au micro-ondes pendant une dizaine de secondes.

Dans une casserole, cassez le chocolat en morceaux.
Ajoutez 3 cuillères à soupe d'eau et faites fondre le chocolat à feu moyen au bain-marie
(c'est-à-dire dans une casserole plus grande remplie d'eau).

Pendant ce temps, dans un saladier, mélangez le sucre en poudre et le beurre mou.
Remuez avec une cuillère en bois ou un batteur électrique.
Quand le mélange devient léger et onctueux,
ajoutez alors les œufs un à un en alternant avec la farine.

 Conseil :

*il faut bien travailler la pâte (c'est-à-dire bien la remuer, la mélanger)
entre chaque œuf et chaque apport de farine.*

Ensuite, incorporez à ce mélange le chocolat fondu en remuant bien avec une cuillère.
Beurrez alors votre moule, versez-y la pâte et faites cuire au four, préchauffé à 150 °C,
pendant 25 à 30 minutes.

 Conseil :

*pour vérifier la cuisson, enfoncez une lame de couteau au centre du gâteau ;
si elle ressort sèche, le gâteau est cuit.*

Quand votre fondant est cuit, vous pouvez le retirer,
le laisser tiédir et, pour finir, le mettre au réfrigérateur.
En effet, ce gâteau se sert froid.

1 *Lis la recette et replace les images dans l'ordre :*

LES MOTS DE LA... **Cuisine/Pâtisserie**

L'électroménager : le réfrigérateur (le frigo), le micro-ondes, le four, le feu, le batteur électrique.
Les ustensiles : la casserole, le saladier, le moule, la cuillère (en bois), le couteau.
Les actions : passer au micro-ondes, travailler/remuer une pâte, casser le chocolat en morceaux/casser des œufs, ajouter le sucre, faire ramollir/faire fondre au bain-marie/faire cuire, incorporer le chocolat fondu, mélanger, beurrer le moule, verser la pâte, faire cuire à feu doux/moyen/fort, retirer du four, laisser tiédir, placer/mettre au frigo.

 Et toi ?

Tu connais une recette ?
Sur le modèle du fondant au chocolat, écris ta recette.

3 *À toi !*

Chez toi, invite quelques amis de la classe et préparez un fondant au chocolat, ou une de vos recettes !
Bon appétit !

TU ORGANISES ET TU PARTICIPES AU CONCOURS « SUPER SANDWICH »

1 *Lis la recette et regarde la photo.*

Sandwich Martien

Ingrédients : 15 g de feuilles de roquette / 20 g de ciboulette / 20 g de persils / 20 g de cresson / 1 petite échalote / 1 œuf / 2 cornichons / 1 poivron vert / 3 cuillères à soupe de mayonnaise / 2 tranches de pain

Ustensiles : une casserole / un hachoir / une fourchette / un couteau / deux cure-dents

Temps de préparation : 15 minutes

Conseils de préparation :

- Faire cuir l'œuf dur et le laisser refroidir.
- Laver la roquette et les herbes.
- Hacher finement les herbes, la roquette et l'échalote puis mélanger le tout avec la mayonnaise.
- Tartiner une tranche de pain avec la moitié du mélange.
- Éplucher l'œuf, le couper en fines rondelles et les disposer sur la tranche de pain tartinée. Recouvrir avec l'autre moitié du mélange puis placer la deuxième tranche de pain.
- Décorer le sandwich :
- Couper le sandwich en deux dans le sens de la diagonale.
- Couper les cornichons en rondelles et le poivron, lavé, en petits cubes. Embrocher alternativement une rondelle de cornichon et un cube de poivron sur les cure-dents puis les planter dans les deux moitiés de sandwich.

Qu'est-ce que tu penses de ce sandwich ?
Tu le trouves beau ? La photo te donne envie de le goûter ?
Il a l'air facile ou difficile à faire ?
À ton avis, il est bon ?
Tu penses qu'il est bon pour la santé ? Pourquoi ?

2 *Tu organises le concours « Super Sandwich ».*

a) *Quels sont les critères les plus importants pour évaluer le meilleur sandwich ?*
- *Tu complètes la liste des critères si tu le souhaites.*
- *Tu décides quels critères sont les plus importants et tu attribues*
un nombre de points à chaque critère, la note finale étant sur 20.

	Nombre de points
Le goût	…
L'esthétique (forme, couleurs…)	…
L'odeur	…
La faisabilité (facile ou difficile à faire, rapide)	…
La santé (pas trop riche, assez nourrissant…)	…
Autre	…
Total	/20

b) *Qui sera le jury du concours ?*
Tu décides qui évaluera le meilleur sandwich :
des élèves de la classe ? le professeur ? une ou des personne(s) extérieure(s) ?

c) *Qui seront les participants ?*
- *Tu composes les équipes qui participeront au concours.*
- *Chaque équipe réalisera un super-sandwich.*

d) *Quand aura lieu le concours ?*
Tu décides quel jour le concours aura lieu.

3 *Tu réalises le sandwich.*

a) *Tu trouves les ingrédients et les ustensiles.*
En équipe, vous listez les ingrédients et les ustensiles nécessaires pour faire votre sandwich
(vous pouvez les trouver chez vous, les acheter…).

b) *Tu prépares le sandwich.*
Vous apportez les ustensiles et les ingrédients en classe et vous préparez le sandwich
(Attention aux critères !)

c) *Tu écris la recette.*
- *Vous écrivez la recette (n'oubliez pas les ingrédients, les ustensiles, le temps de préparation…)*
et vous donnez un nom au sandwich.
- *Vous pouvez aussi prendre une photo du sandwich.*

4 *Et le gagnant est…*
- *Tu présentes avec ton équipe ton sandwich et sa recette au jury.*
- *Le jury note chaque sandwich selon les critères.*
- *Le gagnant du concours « Super Sandwich » est…*

ÉVALUATION

1 *Qui fait quoi?*
Relie le nom du spécialiste au dessin qui correspond:

1. Dermatologue   **2.** Dentiste   **3.** Pédiatre   **4.** Ophtalmologiste

A   B   C   D

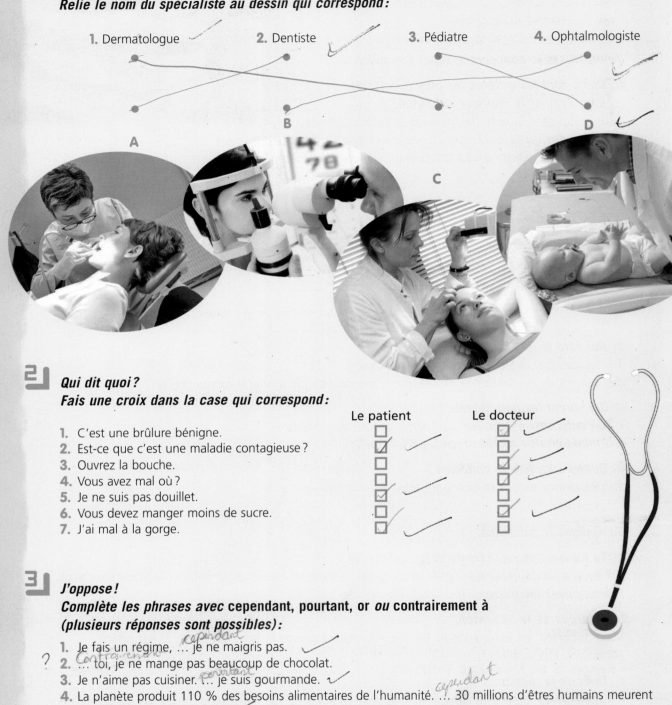

2 *Qui dit quoi?*
Fais une croix dans la case qui correspond:

	Le patient	Le docteur
1. C'est une brûlure bénigne.		☑
2. Est-ce que c'est une maladie contagieuse?	☑	☐
3. Ouvrez la bouche.	☐	☑
4. Vous avez mal où?	☐	☑
5. Je ne suis pas douillet.	☑	☐
6. Vous devez manger moins de sucre.	☐	☑
7. J'ai mal à la gorge.	☐	☐

3 *J'oppose!*
Complète les phrases avec cependant, pourtant, or *ou* contrairement à
(plusieurs réponses sont possibles):

1. Je fais un régime, … je ne maigris pas.   *cependant*
2. … toi, je ne mange pas beaucoup de chocolat.   *Contrairement*
3. Je n'aime pas cuisiner. … je suis gourmande.   *pourtant*
4. La planète produit 110 % des besoins alimentaires de l'humanité. … 30 millions d'êtres humains meurent de faim chaque année.   *cependant*

4 *Faisons attention à notre peau!*
Transforme les verbes en adjectifs participe présent:

Pour prendre soin de sa peau, il faut respecter quelques règles essentielles: tous les soirs, il faut se démaquiller avec un lait (démaquiller) … doux, puis laver son visage avec un gel (nettoyer) … adapté au type de peau.
Il faut ensuite appliquer une crème (hydrater) … pour que la peau ne se dessèche pas.

démaquillant   *hydratante*   *nettoyant*

5 Le menu, s'il vous plaît!
Compose deux menus en choisissant les éléments dans la liste :
un menu pour un jeune et un menu pour une personne au régime.

a • salade de fruits
b • œufs durs mayonnaise
c • rôti de veau, haricots verts
d • mousse au chocolat
e • salade de tomates
f • poulet rôti, frites.

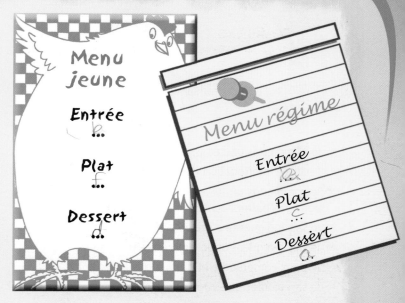

Menu jeune
Entrée
...
Plat
f ...
Dessert
...

Menu régime
Entrée
b ...
Plat
c ...
Dessert
a ...

6 Qu'est-ce que tu manges souvent, parfois, jamais?
Réponds en utilisant le pronom en :

Exemple : Des fruits ▷ J'**en** mange **souvent/parfois**. Je n'**en** mange **jamais**.

1. Des fruits ▷ J'en mange souvent
2. Des légumes ▷ J'en mange souvent
3. De la viande ▷ Je n'en mange jamais
4. Du poisson ▷ J'en mange jamais
5. Du pain ▷ J'en mange parfois
6. Des bonbons ▷ J'en mange parfois
7. Des glaces ▷ J'en mange parfois
8. Des gâteaux ▷ J'en mange parfois

7 Comment faire?
Transforme les phrases en utilisant un gérondif :

Exemple : Pour maigrir, je fais un régime. ▷ **Je maigris en faisant un régime.**

1. Pour avoir une belle peau, je la nettoie chaque jour avec un gel nettoyant spécifique ou un pain dermatologique. ▷ J'ai une belle peau en nettoyant...
2. Pour ne pas avoir d'acné, j'achète de bons produits en pharmacie. ▷ ...
3. Pour ne pas avoir de trou, je n'éclate pas mes boutons. ▷ ...
4. Pour éviter les carences, je mange des fruits et légumes. ▷ ...
5. Pour aider à la constitution de mes os, je fais du sport. ▷ ...
6. Pour calmer ma soif, je bois de l'eau. ▷ ...

8 Miam-miam!
Voici la recette du Gâteau spécial Halloween mais elle est dans le désordre!
Remets-la dans l'ordre en numérotant de 1 à 6 :

Ordre

A. Enfin, faites fondre le chocolat blanc et nappez le reste du gâteau pour faire le visage de la sorcière. Dessinez les parties du visage avec des bonbons multicolores. 6.
B. Ajoutez le sucre, la vanille et les œufs puis fouettez pour obtenir une pâte homogène. 2.
C. Faites fondre le chocolat noir et napper le tiers du gâteau en forme de chapeau de sorcière. 4.
D. Pour commencer, dans un bol, ramollissez le beurre avec une cuillère en bois pour obtenir une pâte. 1.
E. Incorporez ensuite la farine, la levure et le sel. Versez dans le moule. 3.
F. Mettez au four à 180 °C pendant 40 minutes. Sortez le gâteau du four, démoulez et posez-le sur un plat. 5.

AUTO-ÉVALUATION

	PAS ENCORE	SOUVENT	TOUJOURS
Je comprends une émission de radio sur la santé.	☐	☐	☑
J'utilise l'interrogation directe et indirecte.	☐	☐	☑
Je comprends un texte Internet qui donne des conseils pour combattre l'acné.	☐	☐	☑
Je sais indiquer une majorité et une minorité.	☐	☐	☑
Je sais marquer l'opposition entre deux idées.	☐	☐	☑
Je peux comprendre et donner des conseils.	☐	☐	☑
Je sais ajouter une information.	☐	☐	☑
J'utilise l'adjectif participe présent.	☐	☑	☐
Je comprends une BD sur l'acné.	☐	☐	☑
Je théâtralise une BD.	☐	☐	☑
Je comprends un dialogue à la cantine.	☐	☐	☑
Je comprends un menu.	☐	☐	☑
J'exprime la quantité.	☐	☐	☑
J'utilise le pronom en.	☐	☐	☑
J'exprime un goût.	☐	☐	☑
Je propose/Je demande quelque chose à quelqu'un.	☐	☐	☑
Je commande à la cantine, au restaurant.	☐	☐	☑
Je comprends un texte Internet sur l'alimentation des ados.	☐	☐	☑
J'indique une limite.	☐	☐	☑
Je sais marquer l'opposition et la concession entre deux idées.	☐	☑	☐
Je fais un sondage sur l'alimentation dans ma classe.	☐	☐	☑
Je comprends des affiches institutionnelles sur l'alimentation.	☐	☐	☑
Je comprends les conseils oraux d'un diététicien.	☐	☐	☑
J'élabore la liste des courses pour une journée de repas équilibrés.	☐	☑	☐
Je comprends une affiche institutionnelle sur l'alimentation.	☐	☐	☑
J'exprime la manière : j'utilise le gérondif.	☐	☐	☑
Je crée une affiche pour sensibiliser à l'alimentation et la santé.	☐	☐	☑
Je comprends un article de magazine sur le problème mondial de l'alimentation.	☐	☐	☑
Je propose des solutions contre la faim dans le monde.	☐	☐	☑
J'écoute et lis un extrait de pièce de théâtre du XVIIe siècle.	☐	☐	☑
Je joue un extrait d'une pièce Molière.	☐	☐	☑
Je comprends une recette.	☐	☐	☑
J'écris une recette.	☐	☐	☑

SÉQUENCE 4

> AU JOUR LE JOUR

- **Tu** parles de ton argent de poche
- **Tu** utilises les mots en relation avec l'argent
- **Tu** mets en relation deux idées opposées
- **Tu** exprimes la fréquence
- **Tu** exprimes la concession
- **Tu** comprends des statistiques et des sondages
- **Tu** organises tes idées (succession)
- **Tu** précises ta pensée
- **Tu** t'exprimes sur tes habitudes, ton emploi du temps
- **Tu** nuances tes idées
- **Tu** fais des comparaisons

SÉQUENCE 5

> L'ÉCOLE EST UNE CHANCE

- **Tu** connais des mots du système éducatif
- **Tu** organises tes idées
- **Tu** mets en valeur des informations particulières
- **Tu** te repères dans le système éducatif français
- **Tu** connais les différences entre les filles et les garçons dans le système scolaire
- **Tu** lis des tableaux et des graphiques statistiques
- **Tu** exprimes deux idées dans la même phrase
- **Tu** exprimes la conséquence
- **Tu** renforces une idée
- **Tu** comprends une BD humoristique sur la vie des femmes
- **Tu** donnes ton avis sur la parité entre garçons et filles

SÉQUENCE 6

> UN POUR TOUS, TOUS POUR UN

- **Tu** te repères sur la page d'accueil d'un site Internet
- **Tu** comprends ce qu'est la discrimination sociale
- **Tu** comprends un témoignage racontant une discrimination
- **Tu** t'exprimes sur la discrimination
- **Tu** lis une affiche destinée aux jeunes pour un appel à un concours
- **Tu** inventes une chanson sur le thème de la différence
- **Tu** comprends la page d'accueil d'un moteur de recherche sur Internet
- **Tu** connais un philosophe du XVIIIe siècle (Siècle des Lumières): Jean-Jacques Rousseau
- **Tu** connais quelques mots de philosophie
- **Tu** comprends un court texte philosophique du XVIIIe siècle
- **Tu** comprends une chanson « engagée »
- **Tu** inventes des noms de professions au féminin

 PROJET **TU RÉALISES UN SONDAGE SUR LE TEMPS LIBRE DES JEUNES**

SÉQUENCE 4

> L'ARGENT DE POCHE

FRANCK: Qu'est-ce que vous faites ce week-end?

CÉLINE: Moi, pas grand-chose, j'ai plus d'argent. Enfin, j'ai de quoi me payer un chocolat chaud et c'est tout.

ÉMILIE: Ça dépend ce qu'on fait. Si vous venez chez moi, c'est bon, pas besoin d'argent.

MATHILDE: Combien vous avez d'argent de poche?

FRANCK: Moi, mes parents me donnent 10 € tous les samedis.

CÉLINE: C'est tout? C'est pas grand-chose. Moi, j'ai 15 € tous les mercredis et parfois, quand le week-end arrive, j'ai plus rien malgré mes efforts pour économiser.

ÉMILIE: Ma mère me donne 20 € deux fois par mois et malgré mes dépenses en magazines, je m'en sors très bien.

FRANCK: Eh! c'est pareil que 10 € tous les lundis! Quand j'avais... 10 ans, je crois, ils me donnaient de l'argent une fois par mois; mais je ne m'en sortais pas. Je pouvais pas gérer, c'était trop dur.

ÉMILIE: Pourquoi?

FRANCK: Je dépensais tout assez vite, alors j'ai négocié ce nouveau système.

MATHILDE: Moi, j'ai 20 € chaque semaine.

CÉLINE: Ouah! c'est beaucoup! Moi, j'ai demandé à mes parents qu'ils m'ouvrent un « compte jeune » à la banque avec une carte de retrait pour que je puisse retirer de l'argent au distributeur quand je veux mais ils m'ont dit pas avant l'année prochaine.

free - gratuit

pièces de monnaie

ÉMILIE: Et pour les vêtements? *opposition*

CÉLINE: Ah, non! ça, c'est ma mère. Par contre, pour les petits trucs, un petit bijou, alors là, c'est avec mon argent de poche. Ma mère m'achète ce qui est indispensable.

ÉMILIE: Par contre, moi, parfois, je suis obligée d'économiser mon argent pour m'acheter le vêtement que je veux.

FRANCK: Allez, ça sonne...

AU FAIT !

Pas grand-chose = presque rien
Je ne m'en sortais pas. = Je n'arrivais pas à gérer mon argent.

---

1 Écoute une première fois et coche la bonne réponse :

1-PISTE 6

	VRAI	FAUX
1. Ils parlent de l'argent que leurs parents leur donnent.	☑	☐
2. Ils comparent ce qu'ils ont.	☑	☐
3. Ils trouvent qu'ils ont assez d'argent.	☐	☑
4. Ils vont se retrouver le week-end.	☑	☐

2 Écoute encore et complète le tableau :

1-PISTE 6

	Combien d'argent?	Fréquence
Mathilde	20 €	chaque semaine
Céline	15 €	tous les mercredis
Franck	10 €	tous les samedis
Émilie	20 €	2 fois par mois

Qui en a le plus?
Penses-tu qu'ils reçoivent peu, assez ou trop d'argent de poche?

3 Écoute et lis le dialogue.

1-PISTE 6

Pourquoi Franck a voulu changer le système de l'argent de poche?
Que souhaiterait Céline?

économiser = épargner
même si = malgré
malgré = in spite of

la lèche-vitrine → window shopping
conte - story
porte-feuille → wallet

LES MOTS DE L'... *Argent de poche*

avoir (ou pas) de quoi se payer quelque chose: avoir assez d'argent pour acheter quelque chose
gérer son argent: savoir faire un budget et le respecter.
dépenser ≠ économiser.
ouvrir un compte à la banque: créer un compte à son nom.
le distributeur: machine automatique pour retirer de l'argent dans la rue.
une carte de retrait: comme une carte de paiement mais on peut seulement retirer de l'argent au distributeur.

► LES EXPRESSIONS POUR...

Exprimer la fréquence:
Ils me donnaient de l'argent **une fois par mois.**
Moi, mes parents me donnent 10 € **tous les samedis.**
Moi, j'ai 20 € **chaque semaine.**

4 **a) *Indique à quelle fréquence tu fais les activités suivantes:***

Je fais du sport *chaque jour* Je regarde un film *deux fois par semaine.* Je sors avec mes ami(e)s ... *2 fois par mois*

b) *Continue avec d'autres activités.*

5 **a) *Trouve dans le dialogue l'expression qui exprime l'opposition pour relier ces deux informations:***

Émilie fait parfois des économies
pour s'acheter un vêtement. ●   *par contre*   ● ... ●   ● La mère de Céline lui achète
ses vêtements.

b) *Retrouve dans le dialogue les phrases équivalentes à celles-ci:*

1. Quand le week-end arrive, j'ai plus rien même si je fais des efforts pour économiser. ▷ ...
2. Même si je dépense beaucoup en magazines, je m'en sors très bien. ▷ ...

Pour communiquer et structurer

ORGANISER LE DISCOURS (4)
EXPRIMER L'OPPOSITION/LA CONCESSION
Pour opposer deux situations de nature différente, on utilise:
▷ *Par contre*: Ça c'est ma mère, **par contre**, pour les petits trucs c'est avec mon argent de poche.
Par contre est surtout utilisé à l'oral.

Pour exprimer la concession (mettre en relation contradictoire deux situations liées), on utilise:
▷ *Malgré* + <u>nom</u> (on peut remplacer *malgré* par *même si*): Quand le week-end arrive, j'ai plus rien **malgré** <u>mes efforts</u> pour économiser.

6 **Relie ces informations en utilisant par contre ou malgré:**

après le mot malgré, tu dois utilisé un nom!
ex. malgré (le, la, les, en, une, des) (mes, mon, ma, etc.)

1. Elle arrive à économiser de l'argent. Elle dépense. *malgré ses dépenses elle arrive ...* ▷ ...
2. Céline dépense tout ce qu'elle a. Émilie fait des économies. *par contre* ▷ ...
3. Franck ne sait pas gérer son budget. Mathilde s'en sort très bien. *par contre* ▷ ...

7 *Et toi?*

Non
Tu as de l'argent de poche? À quelle fréquence?
Oui *Tu es satisfait(e) de la somme que tu as? Tu sais gérer ton argent?* *Oui*
Qu'est-ce que tu achètes avec cet argent? *Rien*

mensuel → monthly
annuel → annual

> LES ADULTES ET L'ARGENT DE POCHE

18 € en moyenne :
les parents donnent davantage d'argent de poche à leurs enfants

Pingres, les parents ?

pingre →

La tendance n'est pas franchement *à la largesse.* En effet, à l'heure actuelle, ils sont moins nombreux à donner de l'argent de poche à leurs enfants (47 % des parents interrogés, contre 51 % en 2006) et en surveillent davantage l'usage. En fait, chez les parents qui ne donnent pas, près d'un sur deux parlent d'abord de l'âge des enfants, *estimés* trop jeunes, contre 12 % seulement qui disent ne plus « avoir les moyens ».

Deuxième point : non seulement les charmantes têtes blondes reçoivent aujourd'hui plus qu'il y a deux ans, mais surtout, elles commencent plus jeunes : le montant moyen mensuel s'élèverait ainsi à près de 18 € (17,90 €) contre 17,50 € en 2006. Avec 18,60 €, les filles sont d'ailleurs mieux traitées que les garçons (16,70 €).

L'âge moyen du premier argent de poche avance à 8,9 ans contre 9,5 ans en 2006. On notera que près de 30 % des parents ont donné leurs premiers euros à des enfants âgés de moins de 7 ans... Ils n'étaient que 20 % en 2006.

De plus, s'ils donnent plus souvent au coup par coup (58 %) et sont moins nombreux à mettre la main au porte-monnaie tous les mois, (62 % en 2008 contre 69 % en 2006, ce qui reste non négligeable), en revanche un parent sur trois se livre à l'exercice... toutes les semaines (contre 27 % en 2006).

Enfin, et cela mérite d'être souligné, surtout en période de vache maigre, près d'un parent sur quatre verse tout de même chaque année entre 100 et 200 euros sur le compte de chacun de ses enfants quand 20 % versent entre 200 et 400 euros et 15 % vont au-delà de 400 euros.

Bref, au lieu d'économiser sur l'argent de poche et bien que la sinistrose soit là, les parents continuent à donner. Ils sont juste plus prudents.

Source : CSA, Les parents et l'argent de poche des enfants, 24 août 2008

1 Lis l'article et coche la bonne réponse :

	VRAI	FAUX
1. L'article raconte l'historique de l'argent de poche.	☐	☑
2. L'article donne les résultats d'un sondage.	☑	☐
3. Le journaliste fait des commentaires.	☑	☐

2 Remets ces informations dans l'ordre du texte :

Ordre

5 A. Près d'un parent sur quatre verse chaque année entre 100 et 200 euros sur le compte. ...
2 B. Les jeunes reçoivent aujourd'hui plus qu'il y a deux ans. ...
4 C. Un parent sur trois donne de l'argent chaque semaine. ...
1 D. Les parents sont moins nombreux à donner de l'argent de poche à leurs enfants. ...
3 E. Les filles reçoivent 18,60 €. ...
6 F. Le comportement des parents ne s'est pas vraiment modifié. ...

3 Associe les mots aux définitions :

Estimés : ● ● la générosité
La largesse : ● ● jugés
Verser : ● ● mettre de l'argent sur un compte en banque
La sinistrose : ● ● personnes qui n'aiment pas dépenser leur argent (avares)
Pingres : ● ● le pessimisme

4 *Relis le texte et complète le tableau :*

	Argent de poche (en euros)	
	2006	2008
Montant mensuel moyen	€ 17,50	€ 17,90

	Les parents donnent de l'argent de poche (en %)	
	2006	2008
Au coup par coup	...	58 %
Tous les mois	6,9 %	6,2 %
Une fois par semaine	2,7 %	3,3 %

Combien reçoivent les filles ? les garçons ?

5 *Associe :*

On utilise :
En effet
En fait
En revanche
Enfin
Bref
Au lieu de
Bien que

pour :
opposer
récapituler
apporter une précision
annoncer le dernier point
renforcer ce qui vient d'être dit
faire une concession

> **LES MOTS DES...**
> *Statistiques/Quantités*
>
> 47 % (quarante-sept pour cent)
> moins nombreux
> un sur deux
> près de 30 %
> près d'un parent sur quatre

Pour communiquer et structurer

ORGANISER LE DISCOURS (5)

1 Pour présenter ses idées successivement, on utilise :
> *Deuxième point :* **Deuxième point**, les charmantes têtes blondes reçoivent aujourd'hui plus qu'il y a deux ans.
> *Enfin :* **Enfin**, près d'un parent sur quatre verse tout de même chaque année entre 100 et 200 euros sur le compte.

2 Pour ajouter une idée qui renforce la précédente, on utilise :
> *De plus :* **De plus**, ils donnent plus souvent au coup par coup.

3 Pour récapituler et conclure, on utilise :
> *Bref :* **Bref**, les parents continuent à donner.

4 Pour exprimer l'opposition/la concession, on utilise :
> *En revanche* (cette conjonction oppose des faits de même nature) :
> 58 % donnent au coup par coup. **En revanche**, un parent sur trois donne toutes les semaines.
> *Au lieu de* + infinitif : **Au lieu d'**économiser sur l'argent de poche, les parents continuent à donner.
> *Bien que* + subjonctif : **Bien que** la sinistrose soit là, les parents continuent à donner.

5 Pour préciser sa pensée, on utilise :
> *En effet* (pour justifier ce qu'on vient de dire) : La tendance n'est pas à la largesse. **En effet**, les parents sont moins nombreux à donner de l'argent de poche.
> *En fait* (pour donner une précision) : **En fait**, chez les parents qui ne donnent pas, près d'un sur deux parle d'abord de l'âge des enfants, estimés trop jeunes.

6 **À toi !**

Voici les résultats d'une étude européenne réalisée par Eurocard.
Et dans ton pays ? Recherche les informations et écris un court article pour le journal du collège. (Utilise les articulateurs.)

> Luxembourgeois : 27 €
> Allemands : 25 €
> Scandinaves et Irlandais : 21 €
> Au Portugal, en Italie, en Grèce et en Espagne :
> 50 % n'ont pas d'argent de poche régulièrement.
> Ils en reçoivent sous forme de récompense.

LA VIE DES ADOS

L'adolescence est l'une des périodes de la vie où les loisirs et la sociabilité sont souvent privilégiés. Les personnes âgées de 15 à 17 ans consacrent ainsi plus de 4 heures par jour à leurs loisirs et près d'1 h 15* par jour à leurs activités sociales, soit bien plus que leurs parents. [...] Le temps qu'ils passent à étudier ou travailler est aussi important que celui de leurs parents. Ils consacrent 8 h 29 au travail (cours, devoirs, transports) contre 8 h 19 pour leurs parents.

Davantage de sommeil que leurs parents

Le temps que les 15-17 ans consacrent à leurs « besoins physiologiques » est plus important que celui de leurs parents (en moyenne ¾ d'heure de plus) : ils dorment, mangent, se lavent, se préparent ainsi pendant plus de la moitié de la journée. Les adolescents passent en moyenne le même temps que leurs parents dans la salle de bains, mais ils prennent un peu plus de temps pour s'habiller. [...]

Des loisirs bien spécifiques

[...] Les adolescents sont quasiment les seuls à écouter de la musique, sans avoir simultanément d'autres activités. Ils sont aussi plus tournés vers les activités sportives que leurs aînés. [...] Les adolescents consacrent un temps à la télévision légèrement supérieur à celui de leurs parents, près d'1 h 30 par jour les jours de classe et environ 2 h 40 les jours de repos. [...]

Une division sexuée des rôles, déjà chez les adolescents ?

Les filles dorment un quart d'heure de plus que les garçons. Elles consacrent plus de temps à l'hygiène [...]. La division sexuée des rôles apparaît déjà en place, les filles effectuent des travaux domestiques pendant près d'1 h 30 par jour, contre un peu plus de 50 minutes pour les garçons. [...]

En matière de loisirs, les garçons disposent donc de davantage de temps que les filles et leurs goûts diffèrent : les filles préfèrent la lecture, les garçons les jeux, la micro-informatique et le sport. [...]

Au total, la moitié des garçons âgés de 15 à 17 ans déclarent sortir le soir au moins une fois par semaine, et 32 % sortent souvent ou de temps en temps seuls. Les filles sont un peu moins nombreuses à sortir aussi régulièrement et sont quasiment toujours accompagnées.

* temps de sociabilité hors repas = visites, réceptions, conversations, téléphone, courrier...)

Source : *Études et résultats* – n° 318, juin 2004 (DREES).

1-PISTE 7

1 **Écoute une première fois le journaliste sans lire la transcription.**

a) De qui parle-t-il ? Ados + Parents

b) Coche la bonne réponse :
Il s'agit d'un texte qui :
☐ raconte et explique. ☑ présente des résultats et compare. ☐ analyse et commente.

2 **Lis la transcription et complète le tableau. Qui en fait le plus ? Mets +, − ou = :**

	Les ados		Les adultes
	Les filles	Les garçons	
Loisirs/sociabilité	=	+	−
Études/travail	=	=	=
Besoins physiologiques	=	=	−
Sommeil	+	−	−
Hygiène	+	−	=
L'habillement	+	=	−
Travaux domestiques	+	−	+

➤ LES EXPRESSIONS POUR...

Atténuer ou, au contraire, renforcer une information :
Elles sortent **quasiment** toujours accompagnées.
(= <u>presque</u> toujours)
Un temps de télévision **légèrement** supérieur.
(= <u>un peu</u> supérieur)
1 h 15 de sociabilité, soit **bien** plus que leurs parents.
(= <u>beaucoup</u> plus)

LES MOTS DES... Loisirs

la sociabilité : les activités sociales,
les activités **avec les amis**
les visites
les réceptions
les conversations
le courrier
consacrer du temps à
sortir le soir (seul[e] ou accompagné[e])

Pour communiquer et structurer

COMPARER

Pour établir un rapport d'infériorité (–) :
➤ *être + moins +* <u>adjectif</u> (+ *que*) : Les filles **sont moins** <u>nombreuses</u> à sortir le soir.
Pour établir un rapport de supériorité (+) :
➤ *avoir davantage de +* <u>nom</u> *+ que* : Ils **ont davantage de** <u>sommeil</u> **que** leurs parents.
➤ <u>verbe</u> *+ plus de +* <u>nom</u> *+ pour +* <u>verbe</u> : Ils <u>prennent</u> **plus de** temps **pour** <u>s'habiller</u>.
➤ *être + plus +* <u>adjectif</u> (+ *que*) : Le temps qu'ils consacrent à leurs besoins physiologiques
est plus <u>important</u> **que**...
➤ <u>nom</u> *+ supérieur à +* <u>nom</u> (+ *que*) : Ils consacrent un temps **supérieur à** <u>la télé</u> **que**...
Pour établir un rapport d'égalité :
➤ *être + aussi +* <u>adjectif</u> (+ *que*) : Le temps qu'ils passent à étudier **est aussi** <u>important</u> **que**...
➤ <u>verbe</u> *+ le même +* <u>nom</u> (+ *que*) : Ils <u>passent</u> **le même** <u>temps</u> dans la salle de bains **que** leurs parents.
Pour comparer, on utilise aussi *contre* : Ils consacrent 8 h 29 au travail **contre** 8 h 19 pour leurs parents.

 3 *Voici d'autres résultats. À toi d'écrire les comparaisons. Fais-le avec ton voisin/ta voisine.*

• réveil en semaine :	parents 6 h 40 – adolescents 6 h 40
• coucher en semaine :	parents 22 h 50 – adolescents 22 h 30
• faire la sieste :	parents 8 % – adolescents 3 %
• regarder la télé à 18 h :	parents 7 % – adolescents 16 %
à 22 h 50 :	parents 22 % – adolescents 10 %
• lecture :	parents 15 minutes par jour – adolescents 15 minutes par jour

[annotation manuscrite : A 18h il y a bien plus des ados qui regardent la télé mais à 22h 50, le nombre de parents est supérieurs.]

 4 *Et toi ?*

Sais-tu combien de temps tu passes à faire toutes ces activités ?
Compare ta journée avec les résultats concernant les jeunes Français.
Compare aussi avec ton voisin/ta voisine.

 5 *À toi !*

Écris un texte qui résume les différences.

SÉQUENCE 5
> L'ÉCOLE ET LA PARITÉ

Écoute ce début de cours d'éducation civique.

1-PISTE 8

L'égalité des filles et des garçons représente pour l'Éducation nationale une obligation et une mission. Mais il existe encore beaucoup trop de différences dans les parcours scolaires des filles et des garçons. Voyons cela de plus près.

Tout d'abord, celles qui obtiennent de meilleurs résultats scolaires, ce sont les filles. Même si la parité c'est ce que le Ministère souhaite réaliser, cette meilleure réussite des filles ne les mène pas vers des carrières scientifiques. De plus, rappelons que 82 % des filles obtiennent le baccalauréat* contre 77 % des garçons.

Par ailleurs, ce que les filles choisissent le plus, c'est la littérature ou bien les carrières dans les services, le secrétariat, le social et le sanitaire.

Finalement, c'est à l'école et dès le plus jeune âge que s'apprend l'égalité entre les sexes.

Les préjugés c'est ce qui empêche les filles de faire des choix plus variés ?

Je vais vous donner quelques informations statistiques et nous allons réfléchir ensemble.

*Le baccalauréat : diplôme de fin d'études secondaires permettant d'entrer à l'université.

Mme Loïc,
professeur d'histoire-géo

1-PISTE 8

1 **Écoute Mme Loïc. Quel sera le thème de son cours ?**

Coche la bonne réponse :

- ☐ Les difficultés scolaires.
- ☑ L'égalité entre filles et garçons.
- ☐ Ce que les jeunes attendent de l'école.

L'éducation civique est enseignée dans les cours d'histoire-géo. Il s'agit de former à la citoyenneté en abordant, sous forme de débats, les principes des valeurs fondamentales (droits, pouvoirs, libertés, etc.) de la vie politique et sociale

---

LES MOTS DE L'... Enseignement

la parité : l'égalité
le ministère de l'Éducation nationale
une mission : un objectif, un devoir
un parcours scolaire : ensemble des années passées à l'école
les résultats scolaires : ensemble des notes et appréciations
la réussite : réussir sa scolarité, un examen

une carrière
- scientifique
- dans les services (commerce…)
- sociale (assistance)
- sanitaire (en relation avec la santé)

2] *Mme Loïc met en valeur cinq points.*

Relis le texte, relève la phrase exacte et note-la dans la colonne A :

	A	B
1.	…	Les filles choisissent plus la littérature.
2.	…	On apprend l'égalité entre les sexes à l'école.
3.	…	Les filles obtiennent de meilleurs résultats.
4.	…	Le Ministère souhaite réaliser la parité.
5.	…	Les préjugés empêchent les filles de faire des choix plus variés.

Pour communiquer et structurer

ORGANISER LE DISCOURS (6)

Pour présenter les informations successivement, on utilise :

▷ *Tout d'abord* (ou *premièrement*, pour commencer) : **Tout d'abord**, celles qui obtiennent de meilleurs résultats scolaires, ce sont les filles.

▷ *Finalement* (pour résumer et conclure) : **Finalement**, c'est à l'école et dès le plus jeune âge que s'apprend l'égalité entre les sexes.

Pour ajouter une idée qui renforce la précédente, on utilise :

▷ *Par ailleurs* (ou *de plus*) : **Par ailleurs**, ce que les filles choisissent le plus, c'est la littérature.

Pour communiquer et structurer

METTRE EN VALEUR [Those]tielat utiliser avec tous les choses.

Ce lui → masc sing.
Ceux → masc pl.
celle → femme sing
Celles → femme pl.

Pour mettre en valeur une partie de ce qu'on veut dire, on utilise :

▷ *Celle(s)/Celui-Ceux qui* + verbe + *c'est/ce sont* + nom : **Celles** qui réussissent le mieux, **ce sont** les filles. **Ceux qui** obtiennent de moins bons résultats, **ce sont** les garçons.

▷ Nom + *c'est ce que* + sujet + verbe : La parité, **c'est ce que** le Ministère veut réaliser.

▷ Nom + *c'est ce qui* + verbe : Les préjugés, **c'est ce qui** empêche les filles de faire des choix plus variés ?

▷ *Ce que* + sujet + verbe + *c'est* + nom : **Ce que** les filles choisissent le plus, **c'est** la littérature.

▷ *C'est* + nom + *que* + sujet + verbe (ou verbe + sujet) : **C'est** à l'école **que** s'apprend l'égalité entre les sexes.

3] *Récris ces phrases en mettant l'élément souligné en valeur.*

Utilise une structure différente pour chaque phrase :

1. Les garçons restent le plus longtemps en bande.   ▷ Ceux qui restent le plus..
2. Les adolescents préfèrent l'amitié.   ▷ L'amitié,c'est ce que..
3. Les garçons aiment parler et sortir avec les copains.   ▷ , C'est ce que les..
4. Le sport plaît aux garçons.   ▷ …

Quand c'est un sujet, remplace avec "c'est ce qui"
"   "   " Complément d'objet, remplace avec "c'est ce que"

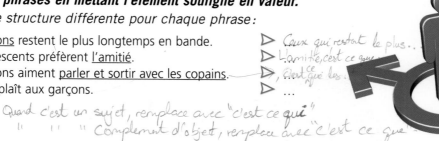

Et toi ?

As-tu déjà réfléchi à ce que tu voudrais faire plus tard ? Que penses-tu de la parité ?
Que penses-tu de l'éducation civique ? Cela se fait-il dans ton collège ?
Penses-tu que cela peut favoriser l'égalité entre les filles et les garçons ?

> LA MIXITÉ À L'ÉCOLE

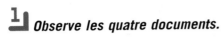

1 *Observe les quatre documents.*

Un garçon pour une fille… mais pas toujours

DOCUMENT 1

Rentrée 2006-2007

	Effectifs en milliers	Filles en %
Collégiens (1er cycle et SEGPA)	3 207,2	48,8
Lycéens (2nd cycle général et technologique)	1 491,2	54,8
dont terminales S	156,8	46,2
dont terminales L	57,9	80,3
dont terminales ES	100,9	63,3
Lycéens professionnels (2nd cycle professionnel)	719,7	45,6
dont CAP et BEP de la production	222,7	14,0
dont CAP et BEP des services	295,3	70,0
Nombre d'apprentis (y compris CPA)	**412,1**	30,4

Source : MEN, direction de l'évaluation, de la perspective et de la performance (DEPP).

DOCUMENT 2

De meilleurs taux de réussites pour les filles

Taux de réussite au brevet en 2006 (en %)

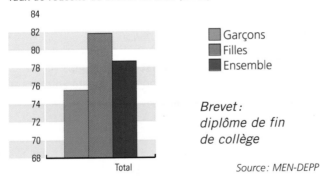

Garçons
Filles
Ensemble

Brevet : diplôme de fin de collège

Source : MEN-DEPP

Culture & Compagnie

La terminale est la dernière année de lycée, celle où on passe le baccalauréat. Il existe différentes orientations qu'on appelle séries : L = Littérature ; S = Sciences, ES = Économie et social. Le CAP = Certificat d'aptitude professionnelle ; le BEP = Brevet d'études professionnelles : c'est deux ans après la 3e. Certains partent en « apprentissage » ce qui signifie apprendre le métier avec un professionnel et suivre en même temps des cours plus théoriques dans un établissement.

Où sont scolarisés les filles et les garçons à la rentrée 2005-2006 ?

DOCUMENT 3

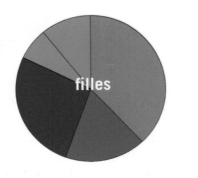
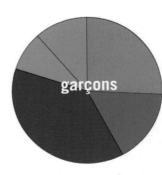

filles   garçons

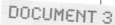 Terminale générale et techno.   ■ Première générale et techno.   ■ CAP-BEP   ■ Non scolarisés   ■ Autres

Source : MEN-DEPP

Handwritten notes:
siteweb. www. statcan.gc.ca
→ Français
→ Education, formation
→ indicateur de l'éducation
→ dernier communiqué du Quotidien

Japon
Chine
Russie

prennent des notes

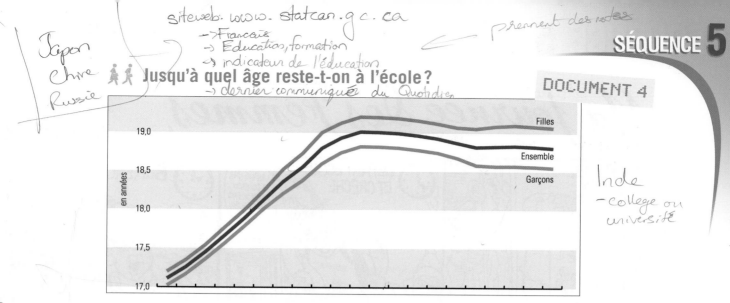

Jusqu'à quel âge reste-t-on à l'école ?

DOCUMENT 4

Inde
− collège ou université

2 Lis le texte et inscris le numéro du document correspondant à chaque information

On remarque que les filles restent scolarisées plus longtemps que les garçons *(document n° ...)*. D'une part, elles restent à l'école un an de plus en moyenne que les garçons, d'autre part, à 17 ans, elles sont plus nombreuses en terminale générale *(document n° ...)*.

Lorsqu'elles passent le brevet (en fin de 3ᵉ) elles le réussissent à 82 % environ contre 76 % environ pour les garçons *(document n° ...)*. C'est pourquoi, il y a beaucoup moins d'apprenties filles que d'apprentis garçons *(document n° ...)*. En outre, elles arrivent plus tard que les garçons dans les parcours plus professionnels.

Bref, le pourcentage de filles est particulièrement élevé en terminale L. *(document n° ...)*.

3 Relis le texte et trouve les mots correspondant à ces explications :

- Pour présenter deux idées dans la même phrase. ▷ ...
- Pour exprimer la conséquence. ▷ ...
- Pour ajouter une idée qui renforce la précédente. ▷ ...
- Pour conclure et récapituler. ▷ ...

Pour communiquer et structurer

ORGANISER LE DISCOURS (7)

Pour présenter deux informations, deux idées dans la même phrase, on utilise :

▷ *D'une part..., d'autre part, ...* : **D'une part**, elles restent à l'école un an de plus en moyenne que les garçons, **d'autre part**, à 17 ans, elles sont plus nombreuses en terminale générale.

Pour exprimer la conséquence, on utilise :

▷ *C'est pourquoi* : **C'est pourquoi**, il y a beaucoup moins d'apprenties filles que d'apprentis garçons.

Pour ajouter une idée qui renforce la précédente, on utilise :

▷ *En outre* : **En outre**, elles arrivent plus tard dans les parcours professionnels.

4 Et toi ?

Penses-tu que la situation est identique dans ton pays ?

À ton avis, qu'est-ce qui peut expliquer ces différences entre garçons et filles ?

Compare avec ton voisin/ta voisine.

5 À toi !

Réunis les explications que tu trouves les plus intéressantes (au moins quatre).

Écris-les dans un court texte.

Pour organiser tes idées utilise : tout d'abord, de plus, d'une part ... d'autre part, par ailleurs, c'est pourquoi, bref.

Ma journée des Femmes

le regard de Cabu

1 *Regarde la BD.*

Que penses-tu du dessin?

2 *Lis la BD.*

a) *Coche les bonnes réponses:*

1. ☐ Ça raconte la journée d'une employée de maison.
2. ☑ Ça raconte la journée d'une mère de famille.
3. ☐ Ça raconte la journée d'une adolescente.

b) *À quoi correspond chaque vignette?*

- Quel personnage est évoqué dans la vignette au centre (vignette 5)?
- Fais des hypothèses sur la profession de cette femme.
- À qui parle-t-elle au téléphone?
- Pourquoi répète-t-elle tout le temps: « 4 x 7 = 28 »?

c) *Le titre fait référence à:*

☐ un titre de film.
☑ la Journée internationale des Femmes.
☐ la fête des Mères.

d) *Dans quel état se retrouve cette femme quand elle va chercher son enfant à la crèche?*

3 *Associe ces mots aux différentes vignettes:*

4 • faire les courses   4, 2 • pousser   9,6,5,4,2 • calculer
6 • courir   3,7,8 • répondre au téléphone   5,1 • préparer le petit déjeuner
9 • dormir   4 • acheter   7,2 • se déplacer
5 • imaginer   9,6 • transpirer   8,3,2 • crier
5,3 • écrire un mail   9 • rêver   1 • se réveiller
7 • conduire dans les embouteillages   8 • se réunir   8 • discuter

vignette 1: ...   **vignette 2:** ...   **vignette 3:** ...   **vignette 4:** ...   **vignette 5:** ...

vignette 6: ...   **vignette 7:** ...   **vignette 8:** ...   **vignette 9:** ...

4 *Et toi?*

Quels avantages trouves-tu à être une fille, un garçon?
Que penses-tu de ce que dit le petit garçon à la fin de la BD?

5 *À toi!*

Fais une BD: dessine cinq vignettes; quatre vignettes doivent représenter un moment de ta journée.
Une vignette centrale évoque un personnage.
Trouve une « chute » (une réplique amusante qui sert de conclusion) à ta BD.

SÉQUENCE 6

> LA DISCRIMINATION

QU'EST CE QUE LA DISCRIMINATION ?

Une discrimination est une inégalité de traitement fondée sur un critère prohibé par la loi, comme l'origine, le sexe, le handicap etc., dans un domaine visé par la loi, comme l'emploi, le logement, l'éducation, etc.
Etes-vous victime ?

1

a) *Observe cette page Internet.*
Repère les cinq parties.

b) *Observe bien et repère ce qui représente la France.*
Fais-en une description.
À ton avis, la HALDE est un organisme privé ou public ?

2

Lis le texte et trouve l'équivalent de ces mots :

- interdit = Prohibité
- champ d'activité = un domaine
- une indication = un signe
- basée = ...

3

Voici d'autres critères de discrimination cités par la HALDE :

« l'âge, l'origine, les caractéristiques génétiques, l'apparence physique, l'état de santé, les opinions politiques, le patronyme, les convictions religieuses... »

Associe ces caractéristiques aux critères cités par la HALDE :

- très gros ▷ ...
- asthmatique ▷ ...
- communiste ▷ ...
- bouddhiste ▷ ...
- métis ▷ ...

4

1-PISTE 9

Écoute ce témoignage.

a) *Qui parle ? Quelle est sa profession ?*
De quelle discrimination est-il victime ?
Trouve, dans la liste des critères de la HALDE,
celui qui correspond à ce témoignage.

b) *Que penses-tu de cette discrimination ?*
As-tu l'impression d'avoir déjà été victime d'une discrimination ?

1 : musique   2 : paroles

 5 **Observe cette affiche et lis le message.** *Elle représente qui ?*
Qu'est-ce qu'on peut écrire « haut et fort » ? Quel mot tu vois en rouge ?
Cherche dans ton dictionnaire un équivalent de crier. hurle, affirmer, annoncer, se plaindre

 6 **Lis le texte qui accompagne l'affiche.**
Qu'est-ce qui est proposé ? Qu'est-ce qu'il faut faire pour participer ? Qu'est-ce qu'on gagne ?

1-PISTE 10 **7** **Écoute la musique composée par Banza.**
Elle te plaît ? De quel style il s'agit ?

 8 **Lis ces exemples de texte.**
Quelles sont leurs particularités ?

licorne83, le lundi 30 mars 2009 à 12:48:58

On est tous d'origines différentes mais on est tous amis alors on l'chante

Répondre à licorne83

pierredelune, le jeudi 2 avril 2009 à 16:57:32

Qu'on soit blanc, rouge ou noir, il faut toujours garder espoir
Qu'on soit une fille ou un garçon on n'est ni plus ni moins bons

Répondre à pierredelune

 9 *À toi !*
Écoute à nouveau la musique. Par deux, écrivez un texte pour Skyrock.
À vous de jouer... sur les mots, les rimes...

SÉQUENCE 6

> UN PEU DE PHILOSOPHIE...

Web Images Maps Actualités Vidéo Gmail plus ▼

Connexion

Google biographie de rousseau   [Rechercher] Recherche avancée / Préférences

Rechercher dans : ● Web ○ Pages francophones ○ Pages : France

Web   Résultats **1 - 10** sur un total d'environ **456 000** pour **biographie de rousseau** (0,07 secondes)

Biographie de Rousseau
Rousseau, Les Confessions, Livres I à VI, Flammarion, 2002. Biographie de Jean-Jacques Rousseau sur Wikipédia. Lire le dossier Jean-Jacques Rousseau sur le...
www.etudes-litteraires.com/rousseau-biographie.php -
www.bacfrancais.com/bac_francais/biographie-jean-jacques-rousseau.php -

Biographie de Rousseau (Jean-Jacques Rousseau)
Biographie de Rousseau Jean-Jacques Rousseau naît à Genève le 28 juin 1712 au 40 Grand'rue. Sa mère Suzanne Bernard meurt le 7 juillet...
www.mes-biographies.com/Écrivain/biographie_Rousseau.html -

Biographie de Jean Jacques Rousseau
Jean Jacques Rousseau sur alalettre site dédié à la littérature, biographie, œuvre, auteurs, philosophie.
www.alalettre.com/rousseau-bio.htm -

---

1 **Regarde le portrait.**
Décris-le. À ton avis, c'est un homme de quel siècle ? Justifie ton idée et compare avec ton voisin/ta voisine.

2 **Lis cette page d'un moteur de recherche.**
Relève :
- *le nom du philosophe ;*
- *deux informations de sa biographie ;*
- *le nom d'une de ses œuvres ;*
- *trois mots en relation avec auteur.*

3 **Parmi ces mots, choisis ceux qui te semblent le plus en accord avec philosophie.**
Compare avec ton voisin/ta voisine.

- idéologie
- société
- opinion
- nature
- culture

- révolution française
- œuvre
- éducation
- discipline
- morale

- science
- hypothèse
- théorie

Discours sur l'origine et les fondements de l'inégalité parmi les hommes (1755)

[...] Je conçois dans l'espèce humaine deux sortes d'inégalité; l'une, que j'appelle naturelle ou physique, parce qu'elle est établie par la nature, et qui consiste dans la différence d'âges, de la santé, des forces du corps et des qualités de l'esprit, ou de l'âme; l'autre, qu'on peut appeler inégalité morale ou politique, parce qu'elle dépend d'une sorte de convention, et qu'elle est établie, ou du moins autorisée par le consentement des hommes. Celle-ci consiste dans les différents privilèges, dont quelques-uns jouissent, au préjudice des autres; comme d'être plus riches, plus honorés, plus puissants qu'eux, ou même de s'en faire obéir.

[...] Tout animal a des idées puisqu'il a des sens, il combine même ses idées jusqu'à un certain point, et l'homme ne diffère à cet égard de la bête que du plus au moins. Quelques philosophes ont même avancé qu'il y a plus de différence de tel homme à tel homme que de tel homme à telle bête; ce n'est donc pas tant l'entendement qui fait parmi les animaux la distinction spécifique de l'homme que sa qualité d'agent libre. La nature commande à tout animal, et la bête obéit. L'homme éprouve la même impression, mais il se reconnaît libre d'acquiescer, ou de résister; et c'est surtout dans la conscience de cette liberté que se montre la spiritualité de son âme: car la physique explique en quelque manière le mécanisme des sens et la formation des idées; mais dans la puissance de vouloir ou plutôt de choisir, et dans le sentiment de cette puissance on ne trouve que des actes purement spirituels, dont on n'explique rien par les lois de la mécanique.

4 **Lis cet extrait de Jean-Jacques Rousseau.**

	VRAI	FAUX
1. Il explique la différence entre ce qui est naturel et ce qui est culturel.	☑	☐
2. Il dit que les hommes sont supérieurs aux animaux.	☐	☑
3. Il dit que l'homme est différent de l'animal parce qu'il peut choisir.	☑	☐
4. Il dit que les lois de la mécanique expliquent tous les comportements humains.	☐	☑

5 **Associe les mots du texte (colonne A) à leur explication (colonne B):**

A	B
Le consentement: ●	● l'accord.
Les privilèges: ●	● profiter de.
Jouir de: ●	● être d'accord.
L'entendement: ●	● ressentir.
Éprouver: ●	● l'esprit, l'intelligence.
Acquiescer: ●	● la compréhension.
L'âme: ●	● les droits exclusifs.

6 **Rousseau parle de deux inégalités.**

Relève ce qui est en relation avec inégalité naturelle *et* inégalité morale ou politique.

7 **Trouve, dans la deuxième partie de l'extrait, les mots pour expliquer agent libre.**

8 **Et toi?**

Que penses-tu du texte de Rousseau?
D'après toi, à partir de quand les inégalités naturelles se sont transformées en inégalités morales ou politiques?

9 **À toi!**

Visite un des sites consacrés à Rousseau et relève des informations biographiques.
Rédige un article présentant le philosophe Rousseau pour le journal de ton collège.

> LES FÉMINISTES

Spécialement dédicacé
Aux routières, aux câblières
Infirmières, jardinières
Pâtissières, tapissières
Biscuitières, joaillières
Téléphonistes, machinistes

Aux fleuristes, aux choristes
Aux urbanistes, aux ébénistes
Aux pépiniéristes, aux satiristes
Aux coloristes, aux courriéristes
Aux chimistes, aux hygiénistes
Aux trompettistes, aux trapézistes

Refrain :
On parle d'égalité
On parle de parité
Mais les femmes qui travaillent
N'ont pas gagné la bataille
On parle d'égalité
On parle de parité
Mais les femmes qui travaillent
Ont pas fini de batailler

CHOUETTE.
ARTISTE
C'EST,
NI FÉMININ
NI MASCULIN !

Catherine Beaunez

Dédicacé aux géologues
Psychologues, aux sociologues
Sinologues, aux philologues
Aux ethnologues, aux graphologues
Archéologues, paléologues
Aux marinières, aux fermières

Aux costumières, aux couturières
Aux façonnières, aux gantières
Aux lingères, aux ménagères
Aux guichetières, aux secrétaires
Aux romancières, aux aventurières
Vas-y… continue la liste !

C Beaunez

Dédicacé aux serveuses
Aux chroniqueuses, aux visiteuses
Aux chercheuses, aux enquêteuses
Aux ajusteuses, aux acheteuses
Aux chanteuses, aux danseuses
Inspectrices ou perforatrices
Aux historiennes, aux bohémiennes
Aux grammairiennes, aux physiciennes
Aux techniciennes, aux gardiennes
Aux électriciennes, aux mécaniciennes
Aux comédiennes, aux pharmaciennes
Aux musiciennes femmouziennes…

À toutes celles saisonnières,
CDIères ou journalières,
Qui pour travail égal
À celui que font les mâles
Et à qualification égale
Touchent moins, c'est pas normal

1 **Écoute une première fois la chanson.**
1-PISTE 11

Choisis un titre:
☐ Du travail pour tous
☐ On veut travailler
☑ On veut l'égalité dans le travail

 2 **Écoute une deuxième fois.**
1-PISTE 11

Tu connais ce style de musique? Tu aimes? Pourquoi?

 3 **Écoute encore et classe le maximum de professions.**
1-PISTE 11

-logue	-iste	-ière	-euse	-trice	-ienne
…	…	…	…	…	…

4 **Lis la transcription et vérifie tes réponses.**

5 **Parmi ces professions chantées par les Femmouzes T, lesquelles n'existent pas?**

☐ joaillières ☐ galériennes ☐ pépiniéristes ☐ marinières
☐ bohémiennes ☑ femmouziennes ☐ grammairiennes ☐ éthnologues

6 **Relie ces autres professions à leur explication:**

Paléologue: ● ● artiste de cirque.
Paysagiste: ● ● spécialiste du paléolithique.
Biscuitière: ● ● chanteuse.
Choriste: ● ● dessinatrice de jardin.
Trapéziste: ● ● fabricante de biscuits.

7 **Lis le refrain.**

a) Repère où sont les rimes.

b) Invente un autre refrain en complétant:

On parle d'égalité
On parle de …
Mais les femmes qui *lutte pour les droits*
N'ont pas gagné …
On parle d'égalité
On parle de …
Mais les femmes qui …
N'ont pas fini de *parler*

c) Chante ton refrain devant la classe!

Les Femmouzes T

8 **À toi !**

a) En groupes, invente des professions féminines qui correspondent aux explications suivantes.
Varie les terminaisons (-logue, -iste, -ière, -trice, -ienne, -euse).

● Elle sort les chiens dans la rue. *chiennes*
● Elle gonfle des pneus des vélos. *vélotrice*
● Elle déchire les vieux papiers. *papieuse*
● Elle dit toujours *non. noniène*
● Elle arrache les mauvaises herbes. *herbeuse*
● Elle range les armoires. *armoirste*

b) Compare avec les autres groupes. *Continuez d'inventer des professions!*

**c) Chantez la chanson des Femmouzes T avec votre refrain et un couplet de vos professions!*

quarante-neuf (**49**

TU RÉALiSES UN SONDAGE
SUR LE TEMPS LiBRE DES JEUNES

1 *Ces graphiques correspondent aux résultats de l'enquête sur l'argent de poche.*
Pour chaque graphique, trouve la question qu'on a posée aux parents.

1 **Pourcentage des parents qui donnent de l'argent de poche à leurs enfants**

51 % **47 %**

2006   2008

Question : ... ?

2 **Raisons pour lesquelles certains parents ne donnent pas d'argent de poche**

Enfants trop jeunes : 50 %

Pas assez d'argent : 12 %

Question : ... ?

3 **Le montant moyen d'argent de poche chaque mois**

17,50   17,90

2006   2008

Question : ... ?

4 **L'argent de poche moyen**

18,60 €   16,70 €

Question : ... ?

5 **Les parents qui donnent de l'argent de poche à partir de l'âge de 7 ans**

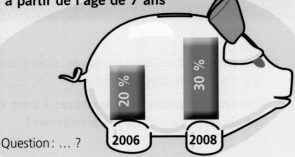

20 %   30 %

2006   2008

Question : ... ?

6 **Montant moyen d'argent versé sur le compte d'un enfant par an**

plus de 400 € 15 %

200-400 €   20 %

100-200 €   25 %

Question : ... ?

2 *Tu vas réaliser un sondage sur le temps libre des jeunes.*

La classe discute et décide :
- *Qui allez-vous interroger ?*
- *Quelles informations voulez-vous recueillir ?*
- *Comment rechercherez-vous ces informations ?*
- *Comment présenterez-vous vos résultats ?*

a) *Tu choisis ton public :*
- *ta classe ;*
- *une autre classe ;*
- *plusieurs classes de ton niveau ;*
- *des classes de niveaux différents ;*
- *tes correspondants.*

b) *Tu rédiges une liste de questions (au minimum 7).*
- *Choisis parmi les thèmes suivants :*
  – temps passé devant la télévision ;
  – temps passé sur Internet ;
  – moments où on voit ses amis ;
  – temps passé pour une activité sportive.
- *Trouve d'autres thèmes.*

c) *Tu choisis comment tu vas réaliser ton sondage :*
– par courrier ;
– par courrier électronique ;
– par webcam ;
– par téléphone ;
– en face à face.

d) *Tu interprètes les résultats.*
Tu trouves des différences entre les garçons et les filles, entre deux classes ou entre des collégiens d'âge différent. Pense à nuancer les commentaires.

e) *Tu présentes tes résultats.*
- *Tu fais des tableaux, des graphiques.*
- *Tu écris un commentaire.*
- *Tu choisis un mode de publication :*
  – sur Internet ;
  – sur des affiches ;
  – dans un petit livre ;
  – dans un exposé.

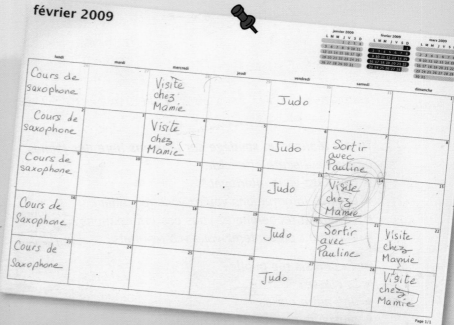

février 2009

1 Les loisirs
Regarde l'agenda de Louis et dis à quelle fréquence il fait ses différentes activités :

Exemple : Louis va à son cours de saxophone tous les lundis.

[notes manuscrites :]
Judo - tous les vendredis.
Mamie → les premiers 2 mercredis
et les 2 dernières dimanches du mois
Sortir : 3 fois au mois

2 Je m'en sors pas !
Complète le dialogue avec les mots de la liste :
dépense – dur – distributeur – argent de poche – retirer – grand-chose – retrait – de quoi – sortais – sors.

JULIE : — Papa ?
LE PÈRE : — Hmm ?
JULIE : — Tu sais, les dix euros que tu me donnes chaque samedi.
LE PÈRE : — Ton … ? Oui, qu'est-ce qu'il y a ?
JULIE : — Ben, dix euros par semaine, c'est pas … . Je … tout en deux jours.
LE PÈRE : — Quoi ? Quand j'avais ton âge, je n'avais que cinq euros par semaine et je m'en … très bien.
JULIE : — Mais moi, je m'en … pas, c'est trop … Mes copines, elles ont toutes quinze, vingt, trente euros. Nathalie a sa propre carte de … elle peut aller … de l'argent au … . Moi, je n'ai même pas … me payer un jeu vidéo.
LE PÈRE : — Tu l'auras
JULIE : — Mais comment ?

3 Un nouveau collège
Complète avec en fait **ou** en effet **:**

THÉO : — Comment sont les profs ici ?
ALEXIS : — Bah ! certains disent que la prof de français est très stricte. …, elle est comme les autres. Tout le monde trouve qu'elle donne beaucoup de devoirs. …, on n'a qu'une rédaction par semaine. Mes amis et moi, on la trouve gentille. …, on rigole pas mal avec elle. Normalement, elle organise beaucoup de sorties. Mais …, elle ne va pas en faire beaucoup cette année.

4 Les PC en Europe
Écris cinq phrases pour commenter ce graphique :

Exemple : Il y a davantage de PC en Allemagne qu'au Royaume-Uni.

1. …
2. …
3. …
4. …
5. …

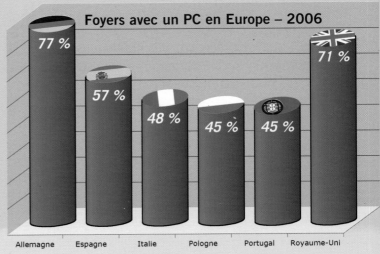

Foyers avec un PC en Europe – 2006

Allemagne 77 % – Espagne 57 % – Italie 48 % – Pologne 45 % – Portugal 45 % – Royaume-Uni 71 %

Source : *France in the European Union*, 2008 – INSEE.

5 Les jeux vidéos

Lis ce texte sur les jeux vidéos et choisis le mot qui convient :

Les jeux vidéos occupent une place de plus en plus importante dans la vie des jeunes. Mais ce n'est pas sans danger. (Tout d'abord/Bref), un usage excessif peut devenir une habitude et compromettre la réussite scolaire. (Par contre/Autre détail), certains jeux en ligne peuvent coûter très cher. (Bref/Au lieu de), il faut surveiller ses dépenses si on veut jouer. (C'est pourquoi/Premièrement), le collège Étienne Marcel à Poitiers organise des réunions d'information pour les élèves et leurs parents : « Nous voulons dialoguer avec les familles, (au lieu de/d'autre part) nous plaindre, déclare Gérard Beurrier, le principal, les parents ne se rendent pas compte de l'influence de ces jeux sur leurs enfants. »
« Ce n'est qu'un jeu. (De plus/Bien que), je préfère que mon fils ne sorte pas le soir. Avec les jeux vidéos, il reste à la maison », répond Jacques Martin, parent. « Quand j'ai commencé à jouer, j'y ai passé des heures et mes notes ont baissé, se souvient Lié Poissard, élève de 4ᵉ, ensuite, j'ai fait attention de ne pas jouer en semaine. » (Finalement/En outre), mes notes ont remonté. »
« Les jeunes perdent beaucoup de temps avec cette activité, (bref/en revanche), c'est excellent pour leur développement psychomoteur », fait valoir Sylvain Bailly, chercheur.
Certains professeurs regrettent le fait que cette activité remplace souvent la lecture, et même les devoirs. (Enfin/En revanche), il faut espérer que les élèves trouvent le bon équilibre entre le jeu et le travail.

6 Bienvenue au lycée !

Récris ces phrases sur le lycée en mettant en valeur les mots en gras :

1. La plupart des collégiens veulent **aller** au lycée. ▷ Aller au lycée, c'est ce que veulent la plupart des collégiens.
2. **L'orientation** en fin de seconde préoccupe les élèves. ▷ ...
3. **La quantité** de devoirs est importante au lycée. ▷ Ce que est
4. Parmi les matières, **le français** occupe la plus grande place dans l'emploi du temps. ▷ ...
5. **Les matières qu'ils n'avaient pas au collège** (comme Histoire des arts, Sciences économiques et sociales) sont passionnantes pour les élèves. ▷ ...
6. Il y a trois sortes de baccalauréat. **Le Bac S** (scientifique) est le plus coté. ▷ ...
7. On apprend parfois **une troisième langue vivante** au lycée. Souvent les élèves choisissent l'allemand. ▷ ...

7 Nina et moi

Complète les phrases avec les mots de la liste (utilise chaque mot au moins une fois) :
plus – davantage – mêmes – contre.

Nina aime les ... choses que moi.
Mais elle a deux blousons en cuir et huit paires de chaussures ! Elle a plus ... de vêtements que moi.
Elle dépense davantage ... d'argent que moi pour s'acheter des choses.
Elle a 30 € d'argent de poche par semaine, contre 8 € pour moi.

8 Une journée typique

Fais des comparaisons entre une journée typique de Théo et de Nina. Varie les structures.

	Théo	Nina
Devoirs	3 heures	4 heures
Sommeil	7 heures	8 heures
Télévision	2 heures	2 heures
Internet	40 minutes	30 minutes
Repas	1 h 30	2 heures
Lecture	2 heures	15 minutes

9 Les femmes qui travaillent

Ajoute -iste, -ière, -euse, -trice ou -ienne :

1. pharmac...
2. téléphon...
3. rout...
4. réalisa...
5. histor...
6. machin...
7. fleur...
8. physic...
9. cherch...
10. patiss...
11. dessina...

AUTO-ÉVALUATION

	PAS ENCORE	SOUVENT	TOUJOURS
• Je parle de mon argent de poche.	☐	☐	☐
• J'utilise les mots en relation avec l'argent.	☐	☐	☐
• J'exprime la fréquence.	☐	☐	☐
• Je mets en relation deux idées opposées.	☐	☐	☐
• J'exprime la concession.	☐	☐	☐
• Je comprends des statistiques et des sondages.	☐	☐	☐
• J'organise mes idées (succession).	☐	☐	☐
• Je précise ma pensée.	☐	☐	☐
• Je m'exprime sur mes habitudes, mon emploi du temps.	☐	☐	☐
• Je nuance mes idées.	☐	☐	☐
• Je fais des comparaisons.	☐	☐	☐
• Je connais les mots du système éducatif.	☐	☐	☐
• J'organise mes idées.	☐	☐	☐
• Je mets en valeur des informations particulières.	☐	☐	☐
• Je me repère dans le système éducatif français.	☐	☐	☐
• Je connais les différences entre les filles et les garçons dans le système scolaire.	☐	☐	☐
• Je lis des tableaux et des graphiques statistiques.	☐	☐	☐
• J'exprime deux idées dans la même phrase.	☐	☐	☐
• J'exprime la conséquence.	☐	☐	☐
• Je renforce une idée.	☐	☐	☐
• Je comprends une BD humoristique sur la vie des femmes.	☐	☐	☐
• Je donne mon avis sur la parité entre garçons et filles.	☐	☐	☐
• Je me repère sur la page d'accueil d'un site Internet.	☐	☐	☐
• Je comprends ce qu'est la discrimination sociale.	☐	☐	☐
• Je comprends un témoignage racontant une discrimination.	☐	☐	☐
• Je m'exprime sur la discrimination.	☐	☐	☐
• Je lis une affiche destinée aux jeunes pour un appel à un concours.	☐	☐	☐
• J'invente une chanson sur le thème de la différence.	☐	☐	☐
• Je comprends la page d'accueil d'un moteur de recherche sur Internet.	☐	☐	☐
• Je connais un philosophe du XVIIIe siècle (Siècle des Lumières): Jean-Jacques Rousseau.	☐	☐	☐
• Je connais quelques mots de philosophie.	☐	☐	☐
• Je comprends un court texte philosophique du XVIIIe siècle.	☐	☐	☐
• Je comprends une chanson « engagée ».	☐	☐	☐
• J'invente des noms de professions au féminin.	☐	☐	☐

MODULE 3 > CONSTATER PAR SOI-MÊME

SÉQUENCE 7

> LES AMIS DE MES AMIS SONT MES AMIS

- Tu rapportes ce que quelqu'un a dit dans le passé
- Tu utilises le subjonctif
- Tu racontes un concert
- Tu comprends des expressions de la langue familière utilisées par les jeunes
- Tu utilises les temps du passé
- Tu fais l'accord du participe passé
- Tu sais parler d'Internet
- Tu comprends des statistiques sur Internet
- Tu peux exprimer les quantités dans un texte sociologique
- Tu caractérises avec le pronom *dont*

SÉQUENCE 8

> ÊTRE ADO

- Tu comprends ce qui a été dit dans un débat
- Tu rapportes ce qu'un groupe a dit dans un débat
- Tu connais les *marques* de l'oral
- Tu comprends un article de presse sur un thème social
- Tu t'exprimes sur la vie des jeunes maintenant et dans le passé
- Tu sais parler de ton état psychologique
- Tu donnes ton avis sur l'autorité
- Tu comprends un texte décrivant une activité artistique
- Tu t'exprimes sur les styles vestimentaires
- Tu décris un style vestimentaire

SÉQUENCE 9

> VOYAGE, VOYAGES

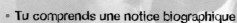

- Tu comprends une notice biographique
- Tu connais un écrivain actuel: J.-M. G. Le Clézio
- Tu comprends un écrivain qui parle de littérature
- Tu définis ce qu'est un écrivain
- Tu lis un extrait de roman
- Tu sais où placer l'adjectif par rapport au nom
- Tu fabriques des images littéraires
- Tu comprends un extrait littéraire au passé simple
- Tu fais un récit au passé en employant le passé simple

 PROJET   **TU RÉALISES UNE INTERVIEW POUR LE JOURNAL OU LE SITE DE TON COLLÈGE**

SÉQUENCE 7

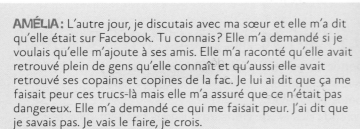

LES @MIS SUR INTERNET

AMÉLIA: L'autre jour, je discutais avec ma sœur et elle m'a dit qu'elle était sur Facebook. Tu connais? Elle m'a demandé si je voulais qu'elle m'ajoute à ses amis. Elle m'a raconté qu'elle avait retrouvé plein de gens qu'elle connaît et qu'aussi elle avait retrouvé ses copains et copines de la fac. Je lui ai dit que ça me faisait peur ces trucs-là mais elle m'a assuré que ce n'était pas dangereux. Elle m'a demandé ce qui me faisait peur. J'ai dit que je savais pas. Je vais le faire, je crois.

PAULINE: C'est quoi, exactement?

AMÉLIA: C'est un site de réseau. On appelle ça un « réseau social ». Ça rassemble des personnes proches ou inconnues. Ma sœur m'a dit qu'il y avait 200 millions de membres à travers le monde et que c'était le site le plus visité.

PAULINE: C'est américain?

AMÉLIA: Oui. Ma sœur, qui est très branchée sur ces trucs-là, m'a expliqué que c'était les étudiants de Harvard qui avaient créé un réseau pour leur université, et puis le réseau s'est étendu aux autres facs. Elle m'a dit que ce serait bien que j'y sois et mes copains aussi. Elle m'a dit qu'elle m'enverrait une invitation. C'est comme ça que ça s'appelle. Je l'accepte, c'est comme ça qu'on dit, et après, je peux, à mon tour, inviter mes amis.

PAULINE: Et on fait quoi, avec Facebook?

AMÉLIA: Eh bien, tu y mets des informations personnelles, des photos, des vidéos, de la musique que tu aimes. Tu tchates et tu partages tout ça avec tes amis. Et puis elle m'a dit que c'était drôle, l'histoire du mur.

PAULINE: C'est quoi, le mur?

AMÉLIA: Eh bien, sur ta page, il y a ta photo, des informations personnelles et puis ton mur où les copains peuvent te laisser des messages, commenter tes photos. Ils peuvent aussi y publier des photos de toi, que toi tu n'as pas. Ma sœur m'a dit que c'était sans danger parce que seuls tes amis ont accès à ta page. Elle m'a dit que je devrais le faire. Je suis sûre que Scott, mon correspondant américain y est.

PAULINE: On peut aller chez toi?

AMÉLIA: Oui, viens! On y va. J'espère que ma sœur sera là.

AU FAIT!

La fac = la faculté
Être branché sur =
bien connaître.

1
Observe le document. *Connais-tu ce logo?*
C'est un formulaire pour faire quoi?

2
1-PISTE 12
Écoute le dialogue une première fois. *Coche la bonne réponse:*

	VRAI	FAUX
1. Amélia et Pauline sont sœurs.	☐	☑
2. Elles parlent de leurs amis du collège.	☐	☑
3. Elles parlent d'un réseau sur Internet.	☑	☐
4. Elles sont membres d'un réseau sur Internet.	☐	☑
5. Amélia raconte à Pauline une conversation qu'elle a eue avec sa sœur.	☑	☐

3
1-PISTE 12
Écoute une deuxième fois.
Remets dans l'ordre chronologique (de 1 à 6) les choses que la sœur d'Amélia lui a dites:

	ORDRE
Ma sœur m'a dit qu'il y avait 200 millions de membres.	4
Elle m'a dit qu'elle était sur Facebook.	1
Elle m'a dit qu'elle m'enverrait une invitation.	5
Elle m'a assuré que ce n'était pas dangereux.	3
Elle m'a dit que c'était drôle, l'histoire du mur.	6
Elle m'a raconté qu'elle avait retrouvé plein de gens.	2

4 *Écoute et lis la transcription.*

1-PISTE 12

Relève dans le texte l'équivalent de ce que la sœur d'Amélia a dit :

Quand Amélia parle avec sa sœur	Quand Amélia raconte à Pauline
Je suis sur Facebook.	▷ Elle m'a dit qu'*elle avait FB.* (handwritten)
Est-ce que tu veux y être ?	▷ Elle m'a demandé si. *je voulais qu'elle* (handwritten)
J'ai retrouvé plein de gens.	▷ Elle m'a raconté qu'*elle avait retrouvé...* (handwritten)
Ça me fait peur.	▷ Je lui ai dit que ça. *me faisait peur.* (handwritten)
Qu'est-ce qui te fait peur ?	▷ Elle m'a demandé. *ce qui me faisait peur.* (handwritten)
Ce serait bien que tu y sois.	▷ Elle m'a dit que...
Je t'enverrai une invitation.	▷ Elle m'a dit qu'*elle m'enverrait une invitation.* (handwritten)

Pour communiquer et structurer

RAPPORTER LES PAROLES DE QUELQU'UN : LE STYLE INDIRECT

1 Les verbes introducteurs se placent en début de phrase :
▷ *Dire que/Raconter que/Demander si/Assurer que/Expliquer que :*
   Elle m'**a dit qu'**elle était sur Facebook.

2 Les modifications grammaticales

Les pronoms et les possessifs changent :

Je suis sur Facebook.	→	Elle m'a dit qu'**elle** était sur Facebook.
J'ai retrouvé **mes** copains.	→	Elle m'a dit qu'elle avait retrouvé **ses** copains.

3 Si le verbe introducteur est au <u>passé</u>, les temps changent :

verbes du message initial		**verbes au style indirect**
présent		*imparfait*
Je **suis** sur Facebook.	→	Elle m'<u>a dit</u> qu'elle **était** sur Facebook.
passé composé		*plus-que-parfait*
J'ai **retrouvé** mes copains.	→	Elle m'<u>a dit</u> qu'elle **avait retrouvé** ses copains.
futur		*conditionnel présent*
Je t'**enverrai** une invitation.	→	Elle m'<u>a dit</u> qu'elle m'**enverrait** une invitation.

⚠ Pas de changement pour :

conditionnel présent		*conditionnel présent*
Tu **devrais** le faire.	→	Elle m'<u>a dit</u> que je **devrais** le faire.
subjonctif présent		*subjonctif présent*
Ce serait bien que tu y **sois**.	→	Elle m'<u>a dit</u> que ce serait bien que j'y **sois**.

5 *Retrouve les paroles que la sœur d'Amélia a dites :*

La sœur d'Amélia

... ▷ Elle m'a assuré que ce n'était pas dangereux.
... ▷ Elle m'a expliqué que c'était les étudiants de Harvard…

LES MOTS DU...
Réseau Internet

le site de réseau
le réseau social
(accepter) des membres/des amis à travers le monde
l'invitation
partager
publier
la page
avoir accès à une page

6 *Et toi ?*

Est-ce que tu es membre d'un réseau sur Internet ?
Est-ce que tu publies des choses sur Internet ?
Qu'est-ce que tu penses de ces réseaux ?

7 *À toi !*

Mon frère ~~an~~ demandé comment il pouvait créer un email. Donc je lui ai dit qu'il (handwritten)

Rapporte à ton voisin/ta voisine une conversation que tu as eue avec un copain/une copine au sujet d'Internet.

Utilise : Je lui ai dit que… ; Je lui ai raconté que… ; Il/Elle m'a expliqué que…

> LE PREMIER CONCERT

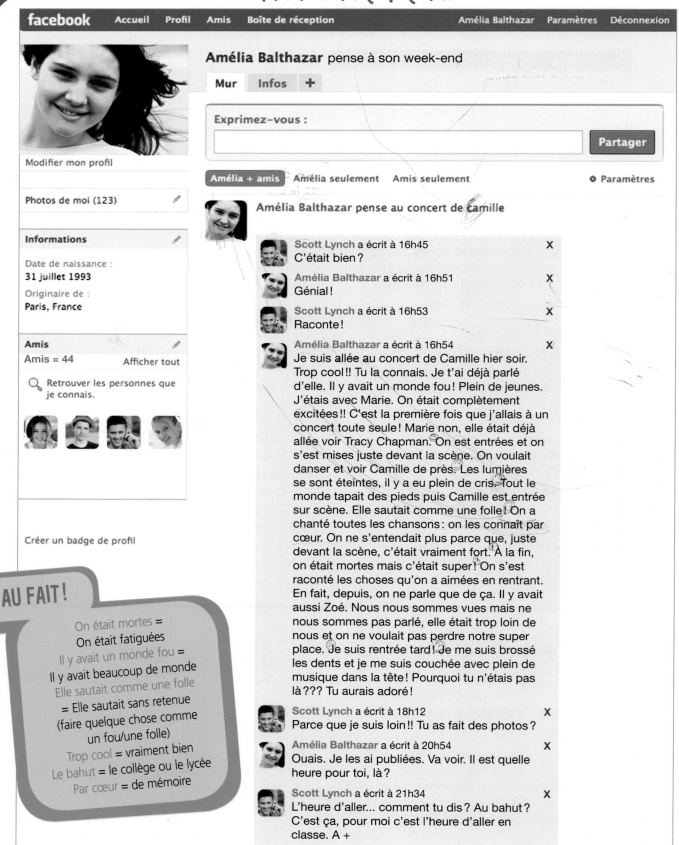

facebook Accueil Profil Amis Boîte de réception   Amélia Balthazar Paramètres Déconnexion

Modifier mon profil

Photos de moi (123)

Informations

Date de naissance :
31 juillet 1993
Originaire de :
Paris, France

Amis
Amis = 44   Afficher tout

Retrouver les personnes que je connais.

Créer un badge de profil

Amélia Balthazar pense à son week-end

Mur Infos +

Exprimez-vous :

Partager

Amélia + amis   Amélia seulement   Amis seulement   ⚙ Paramètres

Amélia Balthazar pense au concert de Camille

Scott Lynch a écrit à 16h45   X
C'était bien ?

Amélia Balthazar a écrit à 16h51   X
Génial !

Scott Lynch a écrit à 16h53   X
Raconte !

Amélia Balthazar a écrit à 16h54   X
Je suis allée au concert de Camille hier soir. Trop cool !! Tu la connais. Je t'ai déjà parlé d'elle. Il y avait un monde fou ! Plein de jeunes. J'étais avec Marie. On était complètement excitées !! C'est la première fois que j'allais à un concert toute seule ! Marie non, elle était déjà allée voir Tracy Chapman. On est entrées et on s'est mises juste devant la scène. On voulait danser et voir Camille de près. Les lumières se sont éteintes, il y a eu plein de cris. Tout le monde tapait des pieds puis Camille est entrée sur scène. Elle sautait comme une folle ! On a chanté toutes les chansons : on les connaît par cœur. On ne s'entendait plus parce que, juste devant la scène, c'était vraiment fort. À la fin, on était mortes mais c'était super ! On s'est raconté les choses qu'on a aimées en rentrant. En fait, depuis, on ne parle que de ça. Il y avait aussi Zoé. Nous nous sommes vues mais ne nous sommes pas parlé, elle était trop loin de nous et on ne voulait pas perdre notre super place. Je suis rentrée tard ! Je me suis brossé les dents et je me suis couchée avec plein de musique dans la tête ! Pourquoi tu n'étais pas là ??? Tu aurais adoré !

Scott Lynch a écrit à 18h12   X
Parce que je suis loin !! Tu as fait des photos ?

Amélia Balthazar a écrit à 20h54   X
Ouais. Je les ai publiées. Va voir. Il est quelle heure pour toi, là ?

Scott Lynch a écrit à 21h34   X
L'heure d'aller... comment tu dis ? Au bahut ? C'est ça, pour moi c'est l'heure d'aller en classe. A +

AU FAIT !

On était mortes =
On était fatiguées
Il y avait un monde fou =
Il y avait beaucoup de monde
Elle sautait comme une folle
= Elle sautait sans retenue
(faire quelque chose comme
un fou/une folle)
Trop cool = vraiment bien
Le bahut = le collège ou le lycée
Par cœur = de mémoire

1 Observe ce document.

Quelles informations as-tu sur Amélia ? À quoi pense Amélia ? Ce sont des messages écrits entre qui et qui ? Entre quelle heure et quelle heure ? Où est Scott ? Justifie ta réponse.

2 Lis les messages et coche la bonne réponse :

	VRAI	FAUX
1. Amélia est allée à un concert et elle le raconte.	☑	☐
2. Elle était avec sa copine Zoé.	☐	☑
3. Le concert était génial.	☑	☐
4. Elle était déjà allée à un concert.	☑	☐
5. Elles avaient une super place assise loin de la scène.	☑	☑

3 Relis les messages et complète le tableau :

① État d'Amélia et de Marie	② Ambiance, décor description de la chanteuse	③ Ce qu'elles ont fait/ ce qui s'est passé
On était complètement excitées	Il y avait un monde fou.	Je suis allée au concert de Camille.
…	…	…

Quel temps est utilisé pour les descriptions, les états ?
Ce qui s'est passé est dit à quel temps ?
Quel temps fait avancer le récit ?

LES MOTS DU... Concert

la scène
les lumières
taper des pieds
les cris

4 Observe ces énoncés et classe-les dans le tableau :

- Je suis allée au concert.
- Les lumières se sont éteintes.
- Nous nous sommes vues.
- Nous ne nous sommes pas parlé.
- Je me suis brossé les dents.
- Les choses qu'on a aimées.
- On a chanté toutes les chansons.

Accord du participe passé	Pas d'accord du participe passé
…	…

Fais des hypothèses sur les règles d'accord.

Pour communiquer et structurer

ACCORDER LE PARTICIPE PASSÉ

1 Avec l'auxiliaire **être**, on fait toujours l'accord avec le <u>sujet</u> : <u>Je</u> suis allée au concert.
▷ Pour les verbes pronominaux, on fait l'accord avec le <u>COD</u> s'il est placé avant le verbe :
  Nous <u>nous</u> sommes vue**s**.
▷ On ne fait pas l'accord si le <u>COD</u> est placé après le verbe : Je me suis brossé <u>les dents</u>.
▷ On ne fait pas l'accord si la construction du verbe est indirecte (verbe + préposition) :
  Nous ne nous sommes pas parlé. *(parler à)*

2 Avec l'auxiliaire **avoir**, on ne fait pas l'accord avec le <u>sujet</u> : <u>On</u> a chanté toutes les chansons.
▷ On fait l'accord avec le <u>COD</u> s'il est placé avant le verbe : <u>Les choses qu'</u>on a aimée**s**.

5 Place ces verbes conjugués à la bonne place :

suis allé – s'est bien amusés – criait – avait – c'était – ont reprise – étaient – avais déjà vus.

 Scott Lynch a écrit à 21h18   X
Je ① à un concert des Fugges. Tu connais ? Je les ⑧ l'année dernière. Cette fois, ⑤ encore mieux ! Il y ④ un monde fou. Tout le monde ③. Mes copains ⑦ là et on ②. La chanson que je préfère, ils l'⑥ à la fin.

 6 Et toi ?

Tu es déjà allé(e) à un concert ? De qui ? Où ? Avec qui étais-tu ? Comment était la salle ?
Comment était l'ambiance ? Qu'est-ce qui s'est passé ?

7 À toi !

À ton tour d'écrire sur le « mur » d'Amélia pour lui raconter ton concert.
Utilise les trois temps du passé et n'oublie pas les accords.

> LES INTERNAUTES

Le nombre d'internautes est en augmentation constante

Il y a en France 31,5 millions d'internautes, soit 62,3 % de la population de 15 ans et plus.

Ils n'étaient encore que 34 % en 2002. Ils utilisent Internet pour une multitude d'usages et sont très nombreux à s'impliquer dans les réseaux sociaux. C'est le phénomène dont on parle le plus. De plus, ils n'achètent que des téléphones portables dont les caractéristiques techniques permettent de surfer sur le web.

D'autre part, les internautes sont de plus en plus à disposer d'une connexion Internet au sein même de leur foyer : la majorité (93 %) se sont connectés depuis leur domicile au cours des 30 derniers jours.

Les réseaux sociaux : un phénomène en plein développement

La moitié des internautes déclare fréquenter des sites de réseaux sociaux comme Facebook. L'intérêt de ces réseaux est revendiqué par 41 % des internautes. Les visiteurs de ces sites sont plus jeunes, 61 % des 15-34 ans. 59 % se connectent plusieurs fois par jour, près de la moitié (46 %) ont un blog ou un site personnel, 3 sur 5 utilisent des messageries instantanées (pour tchater) et un tiers téléchargent de la musique ou de la vidéo.

D'après l'étude Profiling - 2008 vague 1, 1er septembre 2008 - IFOP

OPÉRATIONS EFFECTUÉES AU COURS DES 30 DERNIERS JOURS EN %

- 77 % recherche d'informations pratiques
- 74 % recherche d'informations liées à l'actualité
- 33 % échanges de photos
- 25 % partage de fichiers
- 22 % participation à un forum
- 57 % messagerie instantanée
- 43 % écoute de la radio en ligne
- 14 % télévision en ligne
- 16 % téléphonie en ligne
- 37 % consultation de vidéo en ligne
- 40 % visualisation de bandes annonces
- 16 % jeux en direct et en réseau
- 23 % téléchargement de musique MP3
- 16 % téléchargement de vidéo ou film
- 15 % téléchargement de jeux
- 29 % téléchargement de logiciels

DOCUMENT

LES MOTS DE L'...
Internet

les internautes
surfer
la connexion
se connecter
fréquenter des sites
le visiteur
le blog
la messagerie instantanée
télécharger
visualisation de vidéos
partage de fichiers
téléphonie en ligne
jeu en réseau et en direct

1 **Lis le texte et coche la bonne réponse :**

☐ C'est un texte sur l'informatique.
☐ C'est un texte sociologique.
☐ C'est un texte historique.

Justifie ta réponse.

2 **Relis le texte et complète ce graphique :**

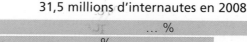
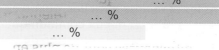

31,5 millions d'internautes en 2008

■ connexion depuis leur domicile   ... %
■ fréquentation d'un site de réseau   ... %
■ intérêt pour les sites en réseau   ... %

3 **Associe ces différentes manières d'exprimer la quantité :**

50 % ●   ● un tiers
33 % ●   ● 3 sur 4 (trois quarts)
75 % ●   ● la moitié

> **LES EXPRESSIONS POUR...**
>
> Exprimer les quantités dans un texte sociologique :
> 31,5 millions soit 62 % (soixante-deux pour cent)
> 61 % des 15-34 ans
> De plus en plus à + verbe à l'infinitif
> Très nombreux
> 3 sur 4
>
> ⚠ Avec la moitié, la majorité, près de la moitié, un tiers/un quart, on peut trouver le verbe soit au singulier, pour respecter la grammaire, soit au pluriel, pour respecter le sens.

4 **Observe ces phrases :**

1. C'est un phénomène.
On parle de ce phénomène.
▷ C'est un phénomène dont on parle.
2. Ils achètent des portables.
Les caractéristiques de ces portables permettent de surfer sur Internet.
▷ Ils achètent des portables dont les caractéristiques permettent de surfer.

Que remplace dont ?

Pour communiquer et structurer

CARACTÉRISER AVEC LE PRONOM *DONT*

▷ On utilise *dont* quand la structure de la phrase est <u>verbe</u> + *de* : C'est le phénomène **dont** on parle le plus. (*parler* de)
▷ On utilise *dont* quand la structure de la phrase est <u>nom</u> + *de* + <u>nom</u> :
Des téléphones portables **dont** les caractéristiques techniques permettent de surfer sur le web.
(<u>les caractéristiques techniques</u> *des* <u>téléphones portables</u>)

5 **Relie ces phrases avec le pronom dont :**

1. J'ai téléchargé le nouveau jeu. Tu m'avais parlé de ce nouveau jeu. ▷ ...
2. C'est un jeu. Les caractéristiques de ce jeu sont amusantes.   ▷ ...

6 **Et toi ?**

Pourquoi utilises-tu Internet ?
Coche parmi les résultats du document ceux qui te concernent.
Compare avec ton voisin/ta voisine.
Dis combien de fois par jour, par semaine, par mois tu vas sur Internet et pour y faire quoi.

7 **À toi !**

Sélectionne dans le document des informations et présente-les dans un texte.
Utilise les différentes manières de donner les quantités.

> LES ADOS VUS PAR EUX-MÊMES

LE JOURNALISTE: Vous êtes sur Radio Ados, il est 16 h et nous allons écouter les rapporteurs du débat sur « Comment vivre avec les autres ? ». J'appelle… oui, ils sont là, Jackson, bonjour ! Anna, bonjour ! Nous avons aussi dans notre studio Alain Dupuis, sociologue et Valérie Laurent, pédopsychiatre.

ANNA: D'abord, on a parlé de « comment est-ce que notre famille peut nous aider dans les moments difficiles, quand ça va mal ». Comment est-ce qu'on peut faire pour mieux communiquer avec nos parents, les adultes ? Puis, on s'est posé la question de savoir si… quand on a des problèmes avec les adultes, notre famille, notre environnement familial, quoi… si nos amis, les amis de notre âge, pouvaient nous aider à résoudre notre problème, à le surmonter, nous aider, quoi… Les copains, c'est pas toujours une bonne solution, quoi. Est-ce qu'ils ont assez d'expérience ? et là… c'est pas sûr.

JACKSON: C'est vrai que maintenant les parents sont plus cools. Mes grands-parents devaient être plus stricts. Et moi, je serai moins strict que mes parents. En fait, après, on a parlé de liberté, la liberté de… En fait, nous croyons que les jeunes sont plus fêtards que les adultes.
En fait, par rapport aux années soixante-dix, quatre-vingts, mais c'est vrai ! Nous on s'amuse mieux. Nous, maintenant, on va plus sortir en discothèque ou dans les fêtes.
On drague plus.

LE JOURNALISTE: Vous rêvez !

AU FAIT !

Vous rêvez ! = Ce n'est pas vrai

1-PISTE 13

1 | Écoute le document.

1. Combien de personnes parlent : ☑ 3 ☐ 4 ☐ 5
2. Le thème, c'est : « Comment vivre avec les autres ? ».   ☑ VRAI ☐ FAUX
3. Les deux rapporteurs résument ce dont les jeunes ont parlé ensemble. Qui d'autre est présent mais qu'on n'entend pas ?   ☑ VRAI ☒ FAUX
   ▷ Alain Depuis Valérie Laurent
4. Ils rient parce que Jackson pense que les jeunes d'aujourd'hui font plus la fête que ceux des années soixante-dix/quatre-vingt.   ☑ VRAI ☐ FAUX
5. Le journaliste se moque de lui.   ☑ VRAI ☐ FAUX

1-PISTE 13

2 | Écoute une deuxième fois et coche les thèmes rapportés :

☐ Les relations amoureuses.
☑ Le rôle de la famille en cas de problème.
☐ L'école.
☑ Le rôle des amis.

☑ La communication avec les parents.
☐ L'argent.
☐ La réussite scolaire.
☑ L'autorité des parents.

1-PISTE 13

3 Écoute et lis la transcription.
Trouve l'équivalent de :
On s'est demandé si ▷...

1-PISTE 13

4 Écoute, lis la transcription et complète le tableau :

Phrase pas finie	Le mot qu'on utilise pour insister	Absence de *ne* dans la négation	Une répétition
on a parlé de liberté	quoi / là	c'est pas sûr	en fait...

Pour communiquer et structurer

LES MARQUES DE L'ORAL
Lorsque l'on parle, même si ce qu'on dit est préparé, on peut …
▷ ne pas finir une phrase, pour mieux préciser sa pensée dans la phrase suivante : J'appelle … oui, ils sont là.
▷ utiliser *quoi* à la fin de la phrase pour insister : C'est pas toujours une bonne solution, **quoi**.
▷ utiliser *là* à la place de *dans ce cas/dans cette situation* : Est-ce qu'ils ont assez d'expérience, et **là** … c'est pas sûr.
▷ répéter le mot plusieurs fois : **En fait**, après, on a parlé de liberté. **En fait**…
▷ supprimer le *ne* de la négation : C'est pas sûr.

Pour communiquer et structurer

LE STYLE INDIRECT (2)
Pour rapporter les thèmes abordés dans une réunion, on utilise :
▷ *se poser la question de savoir si* :
On **s'est posé la question de savoir si** nos amis pouvaient nous aider.
▷ *parler de + nom* : Après, on a **parlé de** liberté.

LES MOTS DE L'… Adolescence

l'environnement familial
le moment difficile
communiquer avec ses parents/les adultes
surmonter/résoudre un problème
être strict
être fêtard (aimer faire la fête)
draguer (essayer de séduire)
sortir en discothèque

5 Et toi ?

Que penses-tu du thème de cette rencontre ?
Est-ce que tu es d'accord avec ce que disent ces jeunes ?
Quels thèmes aurais-tu abordés ?

6 À toi !

À plusieurs, discutez du thème : « Mon avenir et la protection de l'environnement », puis nommez un rapporteur qui, pour toute la classe, présentera ce que le groupe a dit.

Des ados heureux de vivre

Prenez 800 ados de 15 à 18 ans, ajoutez 600 profs, et 200 infirmières scolaires ; secouez les neurones d'Ipsos santé et de l'Inserm et vous obtenez une jolie photo de classe des jeunes d'aujourd'hui. [...] L'étude présentée aujourd'hui au 4e Forum adolescents [...] sent le printemps. La preuve par les chiffres : 96 % des jeunes disent avoir beaucoup d'amis ; 79 % disent pouvoir parler facilement avec leurs parents [...] ; 78 % se sentent bien à l'école, et c'est sans doute pour cela qu'ils ne veulent pas qu'on touche à leur bahut et descendent dans la rue. Au final : 71 % se disent « *satisfaits de ce qui leur arrive* ». [...]

Bien-être. Évidemment, tout n'est pas si rose. Et 42 % se sentent sous pression, réussite scolaire oblige. Et il y en a quand même 17 % qui disent avoir des difficultés à aller vers les autres ; 18 % qui confessent se sentir mal dans leur peau. Encore trop ? Bien sûr. Même si « *au final, lorsque l'on mélange tous les indicateurs, cela fait 5 % d'ados qui ne vont pas très fort* », selon Laïla Idtaleb (directrice des études d'Ipsos santé).

Passé ce constat général de bien-être [...] qu'ont-ils dans le crâne ? Autorité, santé, solidarité : ces trois thèmes les préoccupent.

D'abord, l'autorité. Revendication du jeune : avoir des cadres [...]. 70 % des ados disent respecter l'autorité de leurs parents [...] ; 52 % affirment respecter celles des profs [...] ; 48 % enfin respectent l'autorité des policiers et des gendarmes. Et seulement 24 % celle des hommes politiques.

Dans le fond ils recherchent « *une autorité bienveillante et équitable* ».

Catherine Mallaval
Libération, 21 mai 2008

AU FAIT !

Tout n'est pas rose.
= Tout ne va pas si bien.

Culture & Compagnie

Ipsos santé : institut français d'opinion publique (institut qui réalise des sondages).
Inserm : institut français de la santé et de la recherche médicale.
Libération : 3e journal quotidien (journal qui paraît tous les jours) généraliste français de presse écrite.

1 | **Lis l'article de Libération.**

	VRAI	FAUX
1. Il s'agit d'un article sur une étude sur les adolescents réalisée par l'Ifop.		☐
2. D'après les résultats de l'étude, les jeunes sont plutôt malheureux.	☐	
3. Les jeunes respectent plutôt bien les adultes.	☐	☐

2 **Lis cette série de questions et coche celles qui ont été posées dans l'enquête :**

☑ Dites-vous tout à vos parents ?
☐ Avez-vous confiance en vos parents ?
☑ Acceptez-vous qu'on change le système scolaire ?
☑ Êtes-vous content(e) au collège ?
☑ Avez-vous peur de ne pas réussir vos études ?
☐ Réussir ses études, c'est très important ?
☐ Qu'est-ce qui est le plus important pour vous ?
☑ Qu'attendez-vous des adultes ?
☑ Respectez-vous les adultes en général ?
☐ Avez-vous peur pour votre avenir ?
☐ Souhaitez-vous qu'on vous donne une liberté totale ?

3 **Relève quatre mots ou expressions qui caractérisent l'état des jeunes :**

1. satisfaits 2. ▷ mal dans leur peau 3. ▷ sous pression 4. ▷ bien à l'école 5. ne vont pas très fort

4 **Associe ces mots à leur explication :**

Les neurones : •   • la tête
Le crâne : •   • juste
Bienveillante : •   • une demande
Équitable : •   • des règles, des limites
Revendication : •   • ils disent la vérité
Des cadres : •   • les cellules du cerveau
Ils confessent : •   • gentille

LES MOTS DE LA... Psychologie

se sentir bien/mal (dans sa peau)
être satisfait(e) de
avoir des difficultés à
aller vers les autres
confesser
ne pas aller très fort
préoccuper
parler facilement (ou difficilement) avec

LES MOTS DE L'... Autorité

les cadres
respecter
l'autorité bienveillante et équitable

---

5 **Et toi ?**

Comment te sens-tu dans ta vie de collégien(ne) ?
Respectes-tu facilement l'autorité des adultes ?
Penses-tu qu'avoir des règles c'est important et pourquoi ?
Penses-tu au futur quelquefois et en as-tu peur ou pas ?

6 **À toi !**

Écris les questions correspondant aux sept principaux pourcentages
et mène l'enquête dans ta classe.
Travaille avec ton voisin/ta voisine.
Compare ensuite les résultats de ta classe avec ceux de l'article.
Êtes-vous aussi heureux que les adolescents français ?

vêtement
adj = vestimentaire
v = vêtir

› LES UNS ET LES AUTRES

LE COLLECTIF EXACTITUDES – REPORTAGE

Les clones descendent à la gare du Nord

Au milieu de la foule, un photographe et une styliste repèrent des familles urbaines et les compilent [...]. Vous vous croyez à part ?

GTA

[...] Il s'appelle Ari Versluis, il est néerlandais et, depuis quinze ans, il regarde les gens. C'est son métier. Dans les lieux publics, il les détaille [...] et les classe en fonction de leur accoutrement. [...] Avec la styliste Ellie Uyttenbroek, ils sillonnent le monde et chassent les gens. « *Nous sommes des sortes de profilers. 50 à 80 % des gens sont habillés n'importe comment, ce sont les autres qui nous intéressent.* » [...] « *Nous sommes des loupes.* » Ari et Ellie ont été choisis par la France et les Pays-Bas, dans le cadre de la session culturelle européenne qui s'achèvera le 31 décembre, pour tenter de dessiner l'identité européenne [...].

Leurs photos prises à Rotterdam et à Paris seront [...] exposées au Louvre lors de Paris Photo à partir du 13 novembre et sans doute éditées dans un livre à venir et sur leur site Internet (www.exactitudes.com). [...] « *La mode vestimentaire est de plus en plus globalisée. Les gens s'habillent partout de la même façon* », indique Ari. [...] « *Avec votre veste militaire et votre jean, vous avez un style qu'on retrouve partout. Dans les années 60-70, la veste militaire, c'était politique, contre la guerre du Vietnam. Aujourd'hui, c'est juste pratique, c'est cool, c'est à la mode.* » À cet instant, une fille passe en jean et veste militaire : « *Style unisexe, d'ailleurs, sourit-il. Les fringues que l'on porte ont un sens. Dans les* groupes les plus "extrêmes", chaque détail compte, lacer ses chaussures ou pas, tout veut dire quelque chose. On se regarde. Je comprends qui tu es. Tu sais qui je suis. Les fringues, c'est ce que tu communiques avec le monde extéri...* » Ari s'interrompt et bondit sur un grand Black qui vient d'entrer dans la gare : habillé en veste ultra-large, gros pantalon de survêtement, casquette dorée avec les initiales de New York, lourde chaîne autour du cou : il est parfait pour la série « hip-hop ». [...] La photo est prise en quelques minutes. [...] . Leur travail sériel [...], obsessionnel, donne le vertige.

Nicolas Delesalle – *Télérama*, n° 3065, 8 octobre 2008

AU FAIT !

En langage familier :
fringue = vêtement.

1 *Observe les photos.*
Que penses-tu de ces trois styles ? Existent-ils dans ton pays ?

2 *Coche dans cette liste les vêtements et accessoires qu'ils portent.*

- ☐ minijupe
- ☑ bonnet
- ☐ ballerines
- ☐ grand sac
- ☑ blouson
- ☐ short

- ☑ casquette
- ☑ veste
- ☑ écharpe
- ☑ jean
- ☐ foulard
- ☑ pantalon de sport

- ☑ tee-shirt imprimé
- ☑ débardeur
- ☑ ceinture
- ☑ sweat
- ☑ chemise

3 *Parmi ces couleurs, entoure celles qui sont le plus portées :*

gris – beige – orange – noir – rouge – vert – bleu – jaune – mauve – blanc

4 *Lis le texte.*

a) *Coche la bonne réponse :*

	VRAI	FAUX
1. Le journaliste présente deux artistes.	☑	☐
2. Ils prennent en photo des gens qui ont un style vestimentaire.	☑	☐
3. Leur travail sera exposé dans un grand musée.	☑	☐

b) *Pourquoi les artistes ont-ils été choisis par la France et les Pays-Bas ?*

c) *Ari est photographe, Ellie est styliste.*
Comment est décrit leur travail ?

D'après le journaliste	D'après eux-mêmes
Ils regardent les gens et les classent.	le leur ...
...	...

5 *Relis le texte et complète le tableau :*

Pour définir un style	Les vêtements
Un style qu'on retrouve partout	veste militaire
style extrême, style unisexe, juste pratique, c'est cool	lourde du chaud, les chaussures, veste ultra large, jeans

6 *Associe ces mots à leur explication :*

La foule : •   • ils les rassemblent.
Urbain(e) : •   • un ouvrage fait à partir de séries.
Il les détaille : •   • qui ne quitte pas notre esprit.
Ils les compilent : •   • des verres qui agrandissent.
Un accoutrement : •   • la peur du vide, de l'altitude.
Ils sillonnent le monde : •   • quelqu'un en relation avec la ville.
Des profilers : •   • ils voyagent partout.
Des loupes : •   • une tenue vestimentaire.
Globalisé(e) : •   • ils les regardent avec précision.
Un travail sériel : •   • des gens qui font des profils, des portraits.
Obsessionnel : •   • qui est en relation avec la mondialisation.
Le vertige : •   • un grand nombre de personnes.

7 *Et toi ?*

Qu'est-ce que tu portes ? les jeans, un t-shirts, des chaussures, chaussures
Quelle est la couleur dominante de ta tenue ? bleu/noir/rouge
Aimes-tu la mode ou bien préfères-tu l'originalité ?
Comment qualifierais-tu ton style ?

8 *À toi !*

Travaille avec ton voisin/ta voisine.
Observe tes camarades de classe : détaille les vêtements qu'ils portent.
Combien de styles trouves-tu ? Nomme chaque style.
Quel est le style le plus représenté ?

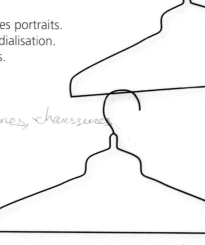

LE PRIX NOBEL DE LITTÉRATURE

LA JOURNALISTE : Bonsoir à tous et bienvenue dans le journal de TF1. Dans l'actualité ce soir, le prix Nobel de littérature attribué à Jean-Marie Le Clézio. L'écrivain de 68 ans est le 14ᵉ Français à obtenir cette consécration après Claude Simon ou Albert Camus. Nous entendrons sa première réaction dans un instant.

1-PISTE 14

1. *Écoute sans lire la transcription et réponds aux questions :*

	VRAI	FAUX
1. Il s'agit du journal de 20 h.	☑	☑
2. Jean-Marie Le Clézio a reçu le prix Nobel de médecine.	☐	☑
3. On verra Jean-Marie Le Clézio pendant le journal.	☐	☑
4. 14 Français ont reçu le prix Nobel.	☑	☐

1-PISTE 14

2. *Écoute encore une fois.*
Quel âge a l'écrivain ? 68
Quel prix a-t-il reçu ? Prix nobel de literature

Biographie

Jean-Marie Gustave Le Clézio naît à Nice en 1940. Il fait ses études à Nice, Aix-en-Provence puis Londres et Bristol. À 23 ans, il devient célèbre avec son roman *Le Procès-verbal*. En 1967, il fait son service militaire comme coopérant en Thaïlande mais en est expulsé. Il est alors envoyé au Mexique. Il commence à étudier le maya à l'université de Mexico. Puis s'installe au Yucatan. Il vit 4 ans dans la jungle panaméenne avec les Indiens Emberas et Waunanas. En 1983, il fait une thèse en histoire sur le Michoacan (région du centre du Mexique). Il part ensuite enseigner à Bangkok, Boston, Mexico, Austin et en Corée. Il vit depuis de nombreuses années au Nouveau-Mexique (États-Unis) où il enseigne à l'université. Il a publié plus de 50 livres, romans et essais.

3 *Regarde la photo de J.-M. G. Le Clézio.*
C'est un homme qui te paraît comment ?

 4 *Lis la biographie de J.-M. G. Le Clézio.*
Relève deux faits qui te semblent importants : **1.** ... **2.** ...

5 *Parmi ces adjectifs, lesquels, selon toi, caractérisent le mieux l'écrivain ?*

☑ aventurier ☑ intellectuel ☑ sophistiqué
☐ humaniste ☑ simple ☐ disponible
☑ individualiste ☑ curieux ☐ généreux

J.-M. G. LE CLÉZIO : **Mon message, c'est très clair, c'est qu'il faut continuer à lire des romans parce que je crois que le roman est un très bon moyen d'interroger le monde actuel et... sans avoir de réponse qui soit trop heu... trop... heu... schématique, trop automatique, c'est... heu... un romancier, c'est pas un philosophe, c'est pas... c'est pas un technicien du langage parlé ; c'est quelqu'un qui écrit avant tout et qui, au moyen du roman, pose des questions. Je crois que, s'il y a un message que je voudrais livrer, c'est celui-là : « Posez des questions ! »**

6 *Écoute le message de J.-M. G. Le Clézio :*
Quel est le message principal de l'écrivain ?
D'après lui, à quoi sert un roman ?

1-PISTE 15

Pour communiquer et structurer

CARACTÉRISER
▷ *C'est/Ce n'est pas +* <u>*nom*</u> *(C'est pas à l'oral) :*
Un romancier, **c'est pas** <u>un philosophe</u>.
▷ *C'est quelqu'un qui +* <u>*verbe*</u> *:*
C'est quelqu'un qui <u>écrit</u> avant tout.

 7 *Et toi ?*

Penses-tu, comme J.-M. G. Le Clézio que le roman est un bon moyen d'interroger le monde ? Que penses-tu de son message : Posez des questions ? Est-ce que le « message » de J.-M. G. Le Clézio te paraît cohérent avec sa biographie ? Justifie ta réponse.

 8 **À toi !**

Donne ta définition de l'écrivain. D'après ton expérience, ta culture, le lieu où tu vis, exprime le message que tu aimerais livrer à des jeunes, comme toi.

L'Autobiographie

Pour le *Dictionnaire des écrivains contemporains*, J.-M. G. Le Clézio avait écrit lui-même sa notice biographique en 1988. La voici.

« Les premiers mots des premiers romans que j'ai écrits étaient en lettres capitales :

QUAND PARTEZ-VOUS, MONSIEUR AWLB ? »

C'était en 1946 ou au début 1947, j'avais six ans, je partais en effet vers l'Afrique. Le Nigerstrom était un cargo mixte de la Holland Africa Line qui reliait à l'Europe le chapelet des îles portuaires de l'Ouest Africa aux noms prodigieux, Dakar, Takoradi, Conakry, Lomé, Cotonou. Le cargo était un monde flottant. Sur les ponts supérieurs, il y avait les passagers, les administrateurs coloniaux casqués, les officiers de l'armée, les dames en robes légères. Sur l'étendue du pont, en plein air, voyageaient les Africains qui embarquaient en cours de route, des femmes, des enfants, au milieu de leurs ballots, de leurs provisions. Le vent était chaud, le ciel nocturne magnifique. Le jour, interminablement, les Africains, nus, le corps luisant de sueur, frappaient les structures du pont à coups de marteau, les membrures des cales, les bastingages, pour enlever la rouille. Chaque jour, du matin au soir, il y avait ce bruit inlassable et inutile (puisque la rouille devait se reformer aussitôt), comme un rythme, comme une pulsation. Cela résonnait jusqu'au fond de la mer lourde, avec la lumière ardente du soleil, les nuages immobiles, et les côtes lointaines, les lourds estuaires des fleuves qu'on imaginait, les plages éblouissantes de Casamance, du Ghana, avec le bercement de la houle et les vibrations des machines.

Pour moi, l'acte d'écrire est resté lié à ce premier voyage. Une absence, peut-être, un éloignement, le mouvement de dérive le long d'une terre invisible, effleurant des pays sauvages, des dangers imaginaires. Ma fascination des fleuves, l'improbable réalité. Cette même année 1946-1947, j'ai écrit tout de suite mon deuxième roman, *Oradi noir*, aventure sur une terre d'Afrique que je ne connaissais pas encore, comme si de l'écrire pouvait me sauver des dangers et m'habituer à l'avenir (à l'idée de ce père que je n'avais jamais rencontré, et vers qui me menait le lent cargo).

Aucun des livres que j'ai écrits par la suite n'a eu autant d'importance pour moi que ces deux romans africains.

Plus tard, ce que j'ai cherché dans les livres, c'était cela, ce mouvement qui m'emportait, me faisait autre, ce mouvement lent et irrésistible qui me capturait. [...]

---

1 ⊟ **Lis le texte de J.-M. G. Le Clézio :**

	VRAI	FAUX
1. L'auteur raconte son premier voyage vers l'Afrique.	☑	☐
2. Pour lui, écrire est en relation avec ce premier voyage.	☑	☐
3. Il a écrit ses premiers romans à l'âge de 6, 7 ans.	☑	☑
4. L'auteur pense que ces deux premiers romans ne sont pas importants.	☑	☑
5. Pour J.-M. G. Le Clézio, écrire des romans, c'est comme voyager.	☑	☐

2 ⊟ **Relis le premier paragraphe et coche la bonne réponse :**

☐ L'auteur donne une explication.
☑ Il fait une description.
☐ Il retrace des événements.

Quels temps utilise J.-M. G. Le Clézio ? Pourquoi ? Justifie ta réponse.

3 ⊟ **Complète le tableau avec les mots du texte :**

Mots en relation avec le bateau	Mots en relation avec les voyages
un cargo	je partais vers l'Afrique
un monde flottant	les passagers
…	…

4 Observe ces phrases :

- Le vent était <u>chaud</u>.
- Le ciel <u>nocturne</u> <u>magnifique</u>.
- Ce bruit <u>inlassable</u> et <u>inutile</u>.
- La mer <u>lourde</u>.

- Les nuages <u>immobiles</u>.
- Les côtes <u>lointaines</u>.
- Les <u>lourds</u> estuaires.
- Les plages <u>éblouissantes</u>.

- Une terre <u>invisible</u>.
- Des pays <u>sauvages</u>.
- L'<u>improbable</u> réalité
- Ce mouvement <u>lent</u> et <u>irrésistible</u>.

L'adjectif peut-être placé avant ou après le nom.   ☐ VRAI   ☐ FAUX

5 Associe ces mots à leur explication :

Inlassable : ●   ● statique
Ardente : ●   ● brillante
Immobile : ●   ● infatigable
Improbable : ●   ● intense
Éblouissante : ●   ● invraisemblable

Pour communiquer et structurer

L'ADJECTIF

L'adjectif caractérise le nom et s'accorde en genre (féminin, masculin) et en nombre (singulier, pluriel)

▷ Il peut être placé directement à côté du <u>nom</u> qu'il qualifie (épithète) : Les <u>nuages</u> **immobiles**.

▷ Il peut être séparé du sujet par le verbe <u>être</u> ou un verbe équivalent : Le vent <u>était</u> **chaud**.

L'adjectif se place généralement après le nom, sauf : *grand, lourd, jeune, vieux, gentil…* qui peuvent être avant le nom : Les **<u>lourds</u>** estuaires.

6 Trouve les contraires :

chaud ≠ froid   magnifique ≠ ...   – inutile ≠ utile
lourd ≠ léger   lointain ≠ proche   invisible ≠ visible

Littérature & *Compagnie*

Pour créer des images, on peut :
– donner à un mot un sens qu'on donne généralement à un autre mot (une métaphore) :
le chapelet des îles ; un chapelet est une sorte de collier composé de perles enfilées.
Ici, le collier, ce sont les petites îles :
le cargo reliait l'Europe et le chapelet des îles.
Une mer lourde.
– mettre côte à côte des mots contradictoires, souvent un adjectif et un nom :
improbable réalité ; la réalité ne peut pas être improbable.

7 À toi !

a) *Décris des choses ou des personnes que tu connais avec des métaphores.*

POUR VOUS AIDER :

Pour décrire une personne : lion, serpent, perroquet, bijou, perle, princesse, dragon, monstre.
Exemple : Je n'aime pas Philippe, c'est un monstre. *mon prof est un dragon, chacun de ses mots est un flan*

Pour décrire un endroit : palais, trou, labyrinthe, champ de bataille, gare, scène de théâtre, prison.
Exemple : Chez moi, je peux pas sortir quand je veux. C'est une prison. *mon chambre est un champ de bat...*

Pour décrire un événement : guerre, fête, explosion, orage, pluie, tremblement de terre.
Exemple : Tout le monde s'est moqué de moi, je suis parti sous une pluie de rires.

b) *Avec cette liste de mots, fabrique des images contradictoires :*
Exemple : un mouvement immobile. *etre enfermé dehors, le pénible plaisir, le brouillard clair*
chaleur – plaisir – mouvement – douceur – lumière – nature – joie – dehors – brouillard – haine – amère – immobile –
pénible – sombre – tendre – triste – enfermé(e) – artificiel(le) – froid(e) – clair(e)

c) *À la manière de J. M. G. Le Clézio, écris un court texte décrivant un voyage que tu as fait.*
N'oublie pas le rôle des adjectifs. Pense à des images littéraires.

DÉSERT

[...] La nuit était froide, malgré toute la chaleur du jour qui était restée dans le sable. Quelques chauves-souris volaient devant la lune, basculaient rapidement vers le sol. Nour, étendu sur le côté, la tête appuyée contre son bras, les suivait du regard, en attendant le sommeil. Il s'endormit tout d'un coup, sans s'en apercevoir, les yeux ouverts.

Quand il se réveilla, il eut l'impression bizarre que le temps n'était pas passé. Il chercha des yeux le disque de la lune, et c'est en voyant qu'elle avait commencé sa descente vers l'ouest qu'il comprit qu'il avait dormi longtemps.

Le silence était oppressant sur les campements. On entendait seulement les cris lointains des chiens sauvages, quelque part à la limite du désert.

Nour se leva, et vit que son père et son frère n'étaient plus sous la tente. Seules, dans l'ombre, à gauche de la tente, les formes des femmes et des enfants enroulés dans les tapis apparaissaient vaguement. Nour commença à marcher sur le chemin de sable, entre les campements, dans la direction des remparts de Smara. Le sable éclairé par la lumière de la lune était très blanc, avec les ombres bleues des cailloux et des arbustes. [...]

Quand il approcha des murs de la ville, Nour entendit la rumeur des hommes. Il vit, un peu plus loin,

la silhouette immobile d'un gardien, accroupi devant la porte de la ville, sa longue carabine appuyée sur ses genoux. Mais Nour connaissait un endroit où le rempart de boue était écroulé, et il put entrer dans Smara sans passer devant la sentinelle.

Tout de suite, il découvrit l'assemblée des hommes dans la cour de la maison du cheikh*. Ils étaient assis par terre, par groupes de cinq ou six autour des braseros où de grandes bouilloires de cuivre contenaient l'eau pour le thé vert.

*cheikh : chef de tribu

Extrait du *Désert*, J.-M. G. Le Clézio.

1 **Lis cet extrait de J.-M. G. Le Clézio.**

À quelle personne le texte est-il écrit ?
Comment s'appelle le personnage ?
À ton avis, quel âge a-t-il ?
Ça se passe à quel moment de la journée ?

2 **Relève :**

- une description en relation avec le toucher : ▷ ...
- deux descriptions en relation avec la vue : ▷ ...   ▶ ...
- une description en relation avec l'ouïe : ▷ ...

3 **Relis le texte :**

Combien trouves-tu de moments différents, de tableaux différents ?
À la manière d'une BD, dessine ce que tu as compris (une vignette pour chaque moment différent).

4 **À ton avis, de quoi parlait « l'assemblée des hommes » ?**

5 **Barre les intrus :**

- le désert
- un chameau
- un palmier
- ~~une voiture~~
- une caravane
- ~~une chèvre~~
- un verre
- ~~un feu~~
- les étoiles
- le vent
- une oasis
- un serpent
- un scorpion
- ~~l'eau~~
- ~~une orange~~
- le soleil

LES MOTS DU... Désert

le désert
la chaleur
le sable
la lune
la tente
le campement : ensemble de plusieurs tentes (donc, plusieurs familles).
le tapis
le caillou : petite pierre.
l'arbuste : petit arbre.
le cheikh
la bouilloire de cuivre : récipient pour faire chauffer l'eau.
le brasero : il réchauffe une pièce et on peut poser une bouilloire dessus.
le thé vert

6 Relis le texte et trouve l'équivalent de ces verbes conjugués au passé composé :

- il a pu ▷ ...
- il a entendu ▷ ...
- il s'est levé ▷ ...

- il s'est réveillé ▷ ...
- il a vu ▷ ...
- il a compris ▷ ...

- il a commencé ▷ ...
- il a découvert ▷ ...
- il s'est approché ▷ ...

Que remarques-tu ?

Pour communiquer et structurer

LE PASSÉ SIMPLE DANS LE RÉCIT LITTÉRAIRE

C'est un temps pratiquement absent à l'oral mais très utilisé à l'écrit et particulièrement dans la littérature. On dit que le passé simple est le temps de la distance dans le temps, par rapport au présent. Il est surtout utilisé à la 3ᵉ personne du singulier ou du pluriel. C'est la succession de verbes au passé simple qui fait *avancer* le récit. Le passé simple a la même valeur que le passé composé.

Quand il se réveilla, il eut l'impression bizarre que le temps n'était pas passé.

[...] et **il put** entrer dans Smara sans passer devant la sentinelle.

Le passé simple

Les verbes en *-er* :
Chercher : Il/Elle/On cherch**a**
Ils/Elles cherch**èrent**

Les verbes en *-ir(e)* :
Découvrir : Il/Elle/On découvr**it**
Ils/Elles découvr**irent**

Les verbes en *-dre/tre* :
Entendre : Il/Elle/On **e**ntend**it**   Ils/Elles entend**irent**

Avoir :   Il/Elle/On eut   Ils/Elles eurent

Être :   Il/Elle/On fut   Ils/Elles furent

Faire :   Il/Elle/On fit   Ils/Elles firent

Voir :   Il/Elle/On vit   Ils/Elles virent

Les verbes en *-oir(e)* :
Pouvoir : Il/Elle/On put
Ils/Elles p**urent**

Les verbes en *-enir* :
Venir : Il/Elle/On v**int**
Ils/Elles v**inrent**

7 Dans l'autre extrait ci-dessous, transforme les verbes au passé composé en verbes au passé simple :

Les jours suivants, personne n'a plus parlé de rien, dans la maison d'Aamma, et l'homme au complet veston gris-vert n'est pas revenu. Le petit poste de radio à transistors était déjà démoli, et les boîtes de conserve avaient été toutes mangées. Seul le petit miroir électrique en matière plastique est resté à l'endroit où on l'avait posé, sur la terre battue, près de la porte.

Extrait du *Désert*, J.-M. G. Le Clézio

8 À toi !

Avec ton voisin/ta voisine, imagine une suite pour l'extrait ci-dessus.
À vous d'être le narrateur.
Utilisez le passé simple, et avec les adjectifs, créez une ambiance, des sensations ;
fabriquez « des images ».

1 *Est-ce que tu reconnais ces personnes ?*

2| *Tu prépares l'interview d'une personne de ton choix.*

a) *En groupes, choisissez :*
- *quelqu'un dont le métier est intéressant ;*
- *quelqu'un qui a un loisir original ;*
- *quelqu'un qui fait beaucoup de voyages ;*
- *quelqu'un qui a gagné une compétition sportive.*

b) *Rédigez des questions sur sa vie et sa carrière :*
- *l'année et le lieu de sa naissance ;*
- *sa jeunesse, son école ;*
- *sa personnalité ;*
- *les choses importantes qu'il a faites ;*
- *sa formation ;*
- *ce qu'il fait maintenant ;*
- *ses loisirs ;*
- *ses ambitions…*

3| *Tu réalises l'interview.*

a) *En équipe, vous prenez contact et fixez un rendez-vous avec la personne.*

b) *Organisez-vous :*
- *Qui pose les questions ?*
- *Qui note les réponses ?*
- *Qui prend les photos ?*

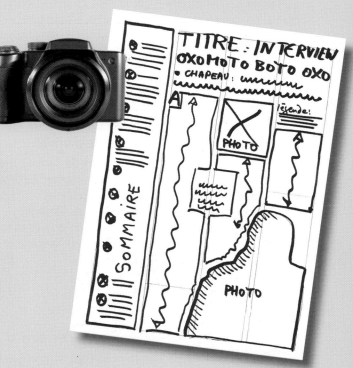

4| *Tu présentes l'interview pour le site ou le journal du collège.*

- *En équipe, présentez le portrait que vous avez réalisé comme un article de presse.*
- *N'oubliez pas les couleurs, les titres, les photos ou les illustrations.*

ÉVALUATION

*9 verbes **sans** accord*

se parler   se promettre
se dire   se demander
se donner   se téléphoner
s'offrir   s'écrire
s'acheter

1   Il a dit non !

Sébastien est au téléphone avec son ami Marc.
Il raconte une conversation qu'il a eue avec son père :

Salut, Marc !
C'est moi, Séb. Désolé, je ne vais pas être là demain. **J'ai demandé** à mon père **si je pouvais** sortir mais **il m'a dit que je ne devais pas** parce que **je n'avais pas fini** mes devoirs. **J'ai répondu que je les finirais** dimanche. **Il m'a demandé ce que je voulais** faire. Quand **j'ai dit que c'était** du skateboard, **il m'a dit qu'il avait peur qu'il ne fasse pas** beau demain. J'ai répondu que ça irait alors **il m'a dit que c'était d'accord**.

Récris le dialogue original entre Sébastien et son père :

SÉBASTIEN : — Papa ! Est-ce que je peux sortir demain ?
LE PÈRE :   — Non, parce que...

2   Mon réseau

Complète le texte avec les mots ou expressions de la liste : partager – page – social – accès – site
de réseau – invitation – branché – membre – publie – accepte.

Pour garder le contact avec mes amis à l'étranger et dans d'autres villes, j'utilise un ... sur Internet. Je suis ... du site, et j'ai ma propre ... où je mets ce que je veux. Mais pour la voir, il faut être mon « ami ». Si je veux que quelqu'un devienne mon « ami », je lui envoie une ... S'il ..., il a ... à ma page et vice-versa. Quand je veux ... quelque chose avec mes amis, les photos d'une fête ou d'une sortie par exemple, je la ... . On se fait plein d'amis, c'est pour ça qu'on l'appelle un réseau ... . Tout le monde le fait maintenant, c'est très ... .

3   Le concert

Noémie raconte sa sortie à un concert. Mets les verbes entre parenthèses au passé (passé composé/imparfait/plus-que-parfait) :

Vendredi dernier, je (aller) ... au concert de *Sum 41* avec Mathilde et Anne-So. J'(trouver) ... les billets sur Internet. On (arriver) ... quarante minutes avant le début mais quand même, il y (avoir) ... déjà beaucoup de monde. Au début, un autre groupe (chanter) .... Mais nous (ne pas aimer) ... et nous (ne pas écouter) ... . Quand *Sum 41* (arriver) ..., tout le monde (devenir) ... fou.
Mathilde et Anne-So (prendre) ... plein de photos avec leurs portables mais moi j'(oublier) ... le mien à la maison. Malheureusement, on (être) ... trop loin de la scène et on (ne pas voir) ... bien. En plus, je (perdre) ... ma carte de métro. Mais quand même, j'(adorer) ... !

4   Au ciné

Géraldine raconte sa sortie. Ajoute e, es ou s si nécessaire :

Je suis allé... au cinéma hier. Nina et Théo sont venu...
aussi. Nous nous sommes retrouvé... devant le ciné.
Nous sommes entré... ensemble et nous nous sommes
mis... devant. Théo avait déjà vu... le film, mais pas
moi, ni Nina. J'ai bien aimé... Scarlett Johansson dans ce
film, mais Nina l'a détesté... . Après le film, nous avons
mangé... ensemble, nous avons parlé... de plein de
choses. Puis Théo est parti..., et je suis resté... un peu
avec Nina. Nous nous sommes parlé..., puis nous sommes
rentré... à la maison. J'ai passé... une très bonne journée.

5 Les profs

Marik présente les profs de son collège à un copain. Rajoute ces informations dans le texte à l'aide de dont. Chaque information correspond à un seul professeur :

*Exemple : Les cours de **Monsieur Bobin** ont lieu dans le bâtiment A.*

a) Les lunettes de **ces profs** sont en plastique rouge.
b) Les vêtements de **madame Le Ray** sont toujours à la mode.
c) Tout le monde a peur de **monsieur Prichon**.
d) Les cravates de **monsieur Clairet** sont drôles.
e) La fille de **madame Hamrouni** est en quatrième ici.
f) Le petit nom de **madame Cochard** est Mme Coche.
g) Je t'ai parlé de **monsieur Bascon** tout à l'heure.

Regarde, ça c'est M. Bobin, <u>*dont* les cours ont lieu dans le bâtiment A</u>, c'est derrière la cantine. Là-bas, c'est Mme Le Ray, ..., elle est belle. Regarde ! ces deux profs avec des lunettes, ce sont Mme Irani et Mme Laurence, tous les profs ... sont des profs de SVT. Voilà M. Prichon ..., il crie sur tout le monde et met des heures de retenue pour n'importe quoi. Là-bas, il y a Mme Cochard, le principal, ..., surtout ne l'appelle pas comme ça quand elle est là ! Regarde ! M. Clairet, prof d'histoire-géo, ..., regarde celle qu'il porte ! Et là, il y a Mme Hamrouni, prof de maths, ..., elle s'appelle Samira. Là, c'est M. Bascou, ... Tu te rappelles ? Il est prof de techno.

6 Dire des choses comme il faut

a) À l'aide de **ce n'est pas ..., c'est ...,** définis :
– un bon professeur ;
– un film effrayant.

*Exemple : Un bon prof, **ce n'est pas** un prof sévère, **c'est** un prof généreux.*

b) À l'aide de **il faut** *propose une solution pour :*
– un problème d'environnement ;
– un(e) collégien(ne) qui n'a pas beaucoup d'amis.

*Exemple : Pour lutter contre la pollution, **il faut** consommer moins d'énergie.*

7 Un film

Justine raconte un film qu'elle vient de voir. Recopie en ajoutant les adjectifs de la liste. Mets-les au féminin si nécessaire : incroyable – hyper dangereux – très important – très compliqué – secret – beau et musclé – courageux et intelligent.

C'est une histoire… ! Il y a un espion qui travaille pour une organisation… . On lui donne une mission … : infiltrer un groupe… . Les méchants veulent détruire quelque chose mais on ne sait pas quoi. Sa mission …, c'est d'apprendre quel est leur objectif. L'espion est joué par un acteur … dont je ne sais plus le nom. Il rencontre une femme … et, ensemble, ils essaient de […]

8 Le Désert

Remplis les mots croisés :

Horizontalement

1 Dans le désert, au milieu de la journée, la … est insupportable.
2 Quand il faisait froid, on s'approchait du…
3 La famille était très fière de son beau… que le père déroulait chaque soir.
4 Les nomades adorent boire du…
5 La nuit, on voyait bien grâce à la…
6 Chaque nuit, je dormais à l'intérieur d'une…

Verticalement

A Il y avait huit tentes dans notre…
B Ça faisait mal de marcher pieds nus, à cause des petits … par terre.
C Il n'y avait pas de plantes autour, seulement quelques petits…
D Le vent m'envoyait du … dans les yeux.
E C'était le … qui prenait les décisions importantes pour la tribu.
F On chauffait de l'eau dans de grandes…

AUTO-ÉVALUATION

	PAS ENCORE	SOUVENT	TOUJOURS
• Je rapporte ce que quelqu'un a dit dans le passé.	☐	☐	☐
• J'utilise le subjonctif.	☐	☐	☐
• Je raconte un concert.	☐	☐	☐
• Je comprends des expressions de la langue familière utilisées par les jeunes.	☐	☐	☐
• J'utilise les temps du passé.	☐	☐	☐
• Je fais l'accord du participe passé.	☐	☐	☐
• Je sais parler d'Internet.	☐	☐	☐
• Je comprends des statistiques sur Internet.	☐	☐	☐
• Je peux exprimer les quantités dans un texte sociologique.	☐	☐	☐
• Je caractérise avec le pronom *dont*.	☐	☐	☐
• Je comprends ce qui a été dit dans un débat.	☐	☐	☐
• Je rapporte ce qu'un groupe a dit dans un débat.	☐	☐	☐
• Je connais les *marques* de l'oral.	☐	☐	☐
• Je comprends un article de presse sur un thème social.	☐	☐	☐
• Je m'exprime sur la vie des jeunes maintenant et dans le passé.	☐	☐	☐
• Je sais parler de mon état psychologique.	☐	☐	☐
• Je donne mon avis sur l'autorité.	☐	☐	☐
• Je comprends un texte décrivant une activité artistique.	☐	☐	☐
• Je m'exprime sur les styles vestimentaires.	☐	☐	☐
• Je décris un style vestimentaire.	☐	☐	☐
• Je comprends une notice biographique.	☐	☐	☐
• Je connais un écrivain actuel : J.-M. G. Le Clézio.	☐	☐	☐
• Je comprends un écrivain qui parle de littérature.	☐	☐	☐
• Je définis ce qu'est un écrivain.	☐	☐	☐
• Je lis un extrait de roman.	☐	☐	☐
• Je sais où placer l'adjectif par rapport au nom.	☐	☐	☐
• Je fabrique des *images littéraires*.	☐	☐	☐
• Je comprends un extrait littéraire au passé simple.	☐	☐	☐
• Je fais un récit au passé en employant le passé simple.	☐	☐	☐

MODULE 4 > VOULOIR, C'EST POUVOIR

SÉQUENCE 10

> DE LA DISCUSSION JAILLIT LA LUMIÈRE

- Tu comprends un débat sur l'Europe
- Tu exprimes ton accord, ton désaccord
- Tu exprimes ton opinion, ton point de vue (positif et négatif)
- Tu fais des propositions, des suggestions
- Tu comprends un texte sur l'histoire de l'Europe
- Tu situes des faits dans le temps
- Tu utilises le présent historique
- Tu comprends un texte sur les origines et le futur d'une invention européenne
- Tu dates un événement historique
- Tu indiques les dimensions d'un objet
- Tu indiques le futur très proche : tu utilises *être sur le point de*
- Tu indiques la certitude d'un fait futur pour convaincre

SÉQUENCE 11 > QUI NE RISQUE RIEN N'A RIEN

- Tu comprends un dialogue où on exprime des regrets et des reproches
- Tu fais des reproches
- Tu exprimes des regrets
- Tu connais les règles de sécurité à deux-roues
- Tu connais les modalités de conduite d'un véhicule en France
- Tu expliques les modalités de conduite d'un scooter dans ton pays
- Tu comprends un court dialogue sur le prêt d'un objet
- Tu comprends un horoscope
- Tu fais des constats, tu fais des prédictions, tu donnes des conseils
- Tu utilises les pronoms indéfinis
- Tu écris un horoscope
- Tu comprends des vignettes de BD
- Tu utilises « *quand* + futur, futur »
- Tu fais des hypothèses : possibles, peu probables, impossibles (irréelles)
- Tu écris les bulles d'une BD

SÉQUENCE 12 > IL N'Y A QUE LE PREMIER PAS QUI COÛTE

- Tu comprends un document sur le fonctionnement des institutions européennes
- Tu comprends comment se prend une directive (loi) européenne
- Tu connais les symboles de l'Europe, de ton pays, de la France
- Tu imagines et écris une directive (loi) européenne
- Tu écoutes et lis un poème du XVIe siècle
- Tu écoutes une chanson contemporaine dont les paroles sont un poème du XVIe siècle
- Tu mets un poème en chanson
- Tu écoutes des accents caractéristiques francophones des quatre coins du monde
- Tu connais des expressions francophones qui ne sont pas comprises par la majorité des Français !

 TU CRÉES UNE PLANCHE DE BANDE DESSINÉE

SÉQUENCE 10

> POUR OUVRIR LE DÉBAT

LE PROFESSEUR : Pour ouvrir le débat, une question simple : l'Union européenne, c'est quoi pour vous ? Clara ?

CLARA : Pour moi, l'Europe, c'est très important. C'est bien pour l'égalité entre les pays et pour la paix.

CHARLES : C'est sûr que c'est important mais j'ai l'impression qu'on fait pas grand-chose. On devrait faire de l'Europe un pays sans frontières, ça ferait avancer les choses !

JULES : Ah, oui ! Je suis d'accord avec Charles ! On aurait une vraie puissance à présenter en face des États-Unis.

LE PROFESSEUR : Euh, Jules ! On parle seulement de l'Europe, pas de jugement envers les autres pays, s'il te plaît ! Élise ? Tu veux dire quelque chose ?

ÉLISE : Ben moi, je trouve que l'Europe, ça sert à rien. Je ne me sens pas concernée par l'Europe. Je me sens beaucoup plus française qu'européenne.

JULES : Ah, non ! je suis pas d'accord ! Comment tu peux dire ça ! L'Europe, ça fait progresser culturellement car il y a plus de mélange. Ça permet de voyager et d'étudier dans d'autres pays. C'est très important ! Et avec l'euro, c'est plus facile !

RACHIDA : N'importe quoi ! Avec l'euro, tous les prix ont augmenté et il n'y a que 14 pays sur 27 qui l'utilisent. En plus, moi, je ne pense pas que la priorité de l'Europe soit un échange culturel entre les peuples. Je crois que c'est seulement économique ; gagner toujours plus d'argent !

CLARA : C'est vrai mais ce progrès économique a quand même aidé des pays à se développer, à atteindre un meilleur niveau de vie.

JULES : Exactement ! Sauf qu'il n'y a pas que l'Europe dans le monde ! Il faudrait aussi aider les autres pays dans les autres continents. Citoyen européen, c'est bien, mais citoyen du monde c'est encore mieux !

ÉLISE : Oui ! ben, là, tu rêves un peu !

LE PROFESSEUR : Bien, bien. Justement, est-ce que vous pensez que l'Union européenne doit s'agrandir ? Est-ce qu'il faut accueillir d'autres pays ou se limiter à 27 ?

ÉLISE : Je connais même pas les 27, alors s'il y en a d'autres !

---

 1 **Écoute le dialogue et réponds :**

a) Quel est le thème du débat ?

b) Les élèves :

- ☐ sont tous d'accord.
- ☑ ne sont pas tous d'accord.

Justifie ta réponse.

  2 **Écoute une deuxième fois et entoure les thèmes abordés autour de l'Europe :**

- le cinéma
- les échanges culturels
- la paix
- la santé
- l'éducation
- les échanges économiques
- la sécurité

- les études
- les voyages
- les catastrophes naturelles
- le niveau de vie
- l'aide aux pays en difficulté
- l'environnement
- l'élargissement de l'Europe

> **LES EXPRESSIONS POUR...**

Exprimer son accord :
Je suis d'accord avec Charles.
C'est sûr.
C'est vrai.
Exactement !

Exprimer son désaccord :
Ah, non ! Je ne suis pas d'accord !
Comment tu peux dire ça !
N'importe quoi ! *(familier)*
Oui ! ben, là, tu rêves un peu ! *(familier)*

1-PISTE 16

3 *Écoute et lis la transcription.*

1-PISTE 16

a) *Classe les idées exprimées sur l'Europe dans le tableau:*

Point de vue positif	Point de vue négatif	Suggestions (propositions)
..l..	…	…

b) *Relève les expressions pour donner son point de vue.*

Sont-elles suivies de l'indicatif ou du subjonctif?

Pour communiquer et structurer

negative = subjonctif

1 DONNER SON POINT DE VUE (SON OPINION): L'INDICATIF OU LE SUBJONCTIF

Pour moi,…
J'ai l'impression que…
Je trouve que…   **+ indicatif**
Je crois que…
(Je pense que…)

Je ne pense pas que…
Je ne crois pas que…   **+ subjonctif**

J'ai l'impression qu'on <u>fait</u> pas grand-chose.

Je ne pense pas que la priorité de l'Europe <u>soit</u> un échange culturel.

2 FAIRE UNE PROPOSITION, UNE SUGGESTION: LE CONDITIONNEL

On devrait faire de l'Europe un pays sans frontières.
Il faudrait aussi aider les autres pays.

4 *Lis le dialogue et classe les points de vue dans le tableau:*

ADAM: Je pense que l'Europe ne s'intéresse pas assez à l'environnement.
EMMA: Moi, je trouve que l'Europe nous permet de vivre en paix.
JULIETTE: C'est vrai, sauf que l'Europe n'est pas une garantie pour la paix.
NICOLAS: Moi, je ne crois pas que l'Europe permette de supprimer la pauvreté.
FATOUMATA: C'est vrai, l'Europe devrait être plus humaine qu'économique.

Point de vue positif	Point de vue positif avec restriction	Point de vue négatif	Suggestion
…	…	…	…

▶ LES EXPRESSIONS POUR…

1 Exprimer son accord avec une restriction:
C'est sûr que c'est important **mais…** /**C'est vrai mais…** /**Exactement! Sauf qu'**il n'y a pas que l'Europe.

2 Donner son point de vue…

positif:
C'est très important.
C'est bien.
Ça permet de voyager.

négatif:
L'Europe, **ça sert à rien.**
Je ne me sens pas concernée.

5 *Et toi?*

Que penses-tu de l'Union européenne?
Liste tes points de vue, tes suggestions.

6 *À toi!*

Que penses-tu de l'idée d'une union entre plusieurs pays (union économique, politique, sociale…)?
Penses-tu qu'il est possible de supprimer les frontières? En groupes, tu débats.
Donne tes points de vue; exprime ton accord ou désaccord.

L'EUROPE

En 1950, la Seconde Guerre mondiale est terminée depuis cinq ans. L'Europe est en ruine. Deux hommes politiques, Jean Monnet et Robert Schuman, ont une idée: pour empêcher le retour de la guerre, les pays européens doivent construire quelque chose ensemble. Un an plus tard, six pays signent le traité de Paris et créent la CICA (Communauté européenne du charbon et de l'acier). Ce sont l'Allemagne, la Belgique, la France, l'Italie, Luxembourg et les Pays-Bas.

En 1957, ces six pays fondent la CEE (Communauté économique européenne) par le traité de Rome. Cette union économique s'appelle le « Marché commun ».

Seize ans après, trois nouveaux pays entrent dans la CEE: le Danemark, le Royaume-Uni et l'Irlande. Puis, en 1981, la Grèce. Entre-temps, en 1979, les citoyens des neuf pays élisent pour la première fois les députés européens au suffrage universel.

Le 14 juin 1985, plusieurs pays signent les accords de Schengen: le contrôle aux frontières est supprimé, on peut passer d'un pays à l'autre sans passeport.

L'année suivante, l'Espagne et le Portugal rejoignent la CEE qui devient « l'Europe des Douze », puis des « Quinze » en 1995 avec l'Autriche, la Finlande et la Suède. Trois ans auparavant, le traité de Maastricht crée l'Union européenne (UE): l'Europe n'est plus seulement économique, elle devient aussi politique. Nous devenons des citoyens européens.

Robert Schuman et Jean Monnet

En 2004, dix nouveaux pays rejoignent l'Union: Chypre, l'Estonie, la Hongrie, la Lettonie, la Lituanie, Malte, la République Tchèque, la Pologne, la Slovaquie et la Slovénie. « Les Quinze » deviennent « Les Vingt-cinq ».

Et trois ans plus tard, la Bulgarie et la Roumanie entrent à leur tour. Vingt-sept pays font donc partie de l'Union Européenne: c'est maintenant « l'Europe des Vingt-sept ».

Le premier janvier 2002, l'euro (€) devient la monnaie de douze pays de l'Union européenne.

Au premier janvier 2009, seize pays utilisent l'euro: l'Allemagne, l'Autriche, la Belgique, l'Espagne, la Finlande, la France, l'Irlande, l'Italie, le Luxembourg, les Pays-Bas, le Portugal, la Grèce, la Slovénie, Chypre, Malte et la Slovaquie. Et d'autres pays vont suivre !

De même, d'autres pays souhaitent entrer dans l'Union:

---

1 *Ce texte est issu d'un manuel scolaire:*

☐ de sciences. ☑ d'histoire. ☐ de SVT.

2 *Il raconte des événements:*

☑ passés ☐ présents. ☐ futurs.

Les verbes du texte sont au : ☐ passé. ☑ présent. ☐ futur.

Pour communiquer et structurer

LE PRÉSENT DANS LE RÉCIT HISTORIQUE
Pour raconter des faits historiques, passés, on peut utiliser le présent:
En 1950, l'Europe **est** en ruine.

3 *Lis le texte.*

a) *Trouve la signification de: CICA, CEE, UE.*

b) *Combien de pays font partie de l'UE en 2009 ?* 27

c) *Trouve une autre expression pour désigner l'UE.*

4 *Jérôme a un contrôle, il a préparé cette fiche de révisions; complète-la:*

L'Union européenne	
Dates	Événements
1951	Traité de Paris, création de la CICA
1957	6 pays forment le CEE par le traité de Rome
1973	Entrée du Danemark, du Royaume-Uni et de l'Irlande.
1979	(...
1981	Entrée de la Grèce
1985	2 ...
1986	Entrée de l'Espagne et du Portugal
1992	Traité de Maastricht
1995	Autriche, Finland, Suède
2002	L'euro dans 12 pays.
2004	Dix pays rejoignent l'Union
2007	La Bulgarie et la Roumanie rejoignent les 25 pays de l'UE.
2009	L'euro dans 16 pays. L'UE comprend 27 pays.

▶ LES EXPRESSIONS POUR...

Situer des faits dans le temps :
- Date exacte : **Le** 14 juin 1985.
  (⚠ 1 = le premier)
- Année : **En** 2009.
- Chronologie :
antériorité : Trois ans **auparavant** (= trois ans avant) ; **entre-temps**.
postériorité : Un an **plus tard** (= l'année **suivante**) ; Seize ans **après**.

LES MOTS DE L'...
Histoire de l'Europe

l'Europe
l'Union européenne (UE)
les Vingt-Sept
les traités de Paris, Rome, Maastricht
les accords de Schengen
les députés européens
l'euro [lœro]

5 *Trouve le pays de chaque drapeau.*
Retrouve ces pays sur une carte :

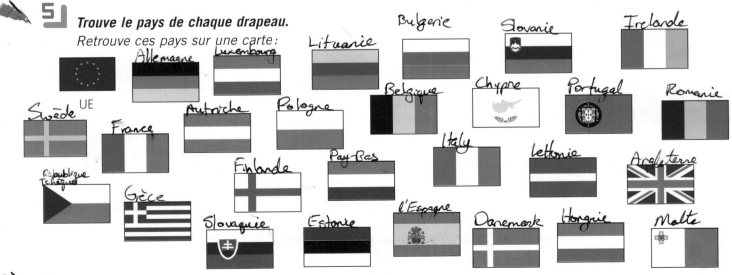

Bulgarie — Slovanie — Irlande — Lituanie — Allemagne — Luxembourg — UE — Belgique — Chypre — Portugal — Romanie — Suède — Autriche — Pologne — Italy — Lettonie — Angleterre — France — Pay-Bas — Finlande — République Tchèque — Grèce — Slovaquie — Estonie — l'Espagne — Danemark — Hongrie — Malte

6 **À toi !**

Tu participes à la rédaction d'un manuel scolaire !
En groupes, écris un court texte pour raconter la création, l'histoire de ton pays.
Raconte cinq ou six événements importants.
Utilise le présent historique et les expressions pour situer dans le temps.

En 2011, l'auto volante!

Un trois-roues qui survole les embouteillages, ça vous fait rêver? Eh bien, d'ici 2011, on en verra dans le ciel de nos autoroutes.

Une invention européenne

En 1923, Juan de la Cierva, un ingénieur espagnol, invente l'autogire, une sorte d'avion dont les ailes sont remplacées par des pales. L'appareil vole grâce à un rotor sans moteur: c'est le vent qui fait tourner les pales. La propulsion est assurée par une hélice verticale qui se trouve à l'avant ou à l'arrière, comme pour un ULM. Dans

L'autogire de Juan de la Cierva (1923).

les années trente, l'Allemand Henriche Focke et l'Américain d'origine russe Igor Sikorsky mettent au point l'hélicoptère: on oublie l'autogire.

Mais à la fin des années soixante, l'Italien Vittorio Magni reprend la construction d'autogires beaucoup plus modernes.

Depuis le début des années 2000, John Bakker, un entrepreneur hollandais, travaille sur le Pal-V (« Personal air and land Vehicle » que l'on peut traduire en français par « véhicule particulier terrestre et volant »), c'est notre auto volante!

Le Pal-V

Cet engin ressemble à une grosse moto à une place, sur trois roues. Il mesure 4 m de long, 1 m de large et 1,60 m de haut. Il peut rouler sur la route, mais il peut surtout s'envoler!

En position « route », son rotor est replié sur le toit; il suffit d'appuyer sur un bouton et les pales s'ouvrent. Contrairement à l'hélicoptère qui décolle à la verticale, le Pal-V a besoin d'un peu d'élan pour s'envoler: 20 m environ. Les pales du rotor ont pour fonction de maintenir l'appareil en l'air et une hélice verticale située à l'arrière permet au Pal-V d'avancer à une vitesse de 200 km/h. Comme une voiture, le Pal-V fonctionne au sans-plomb 95; et avec un plein, on peut faire 600 km à 200 km/h! Plutôt économique!

Évidemment, survoler les embouteillages, c'est bien, mais ce n'est pas trop rassurant! En fait, le seul risque, c'est que le moteur de l'hélice propulsive tombe en panne. Cependant, si cela arrive, le rotor continuera

de tourner puisque seule l'action de l'air est responsable de son mouvement. Ainsi, même moteur éteint, le Pal-V continue de planer, jusqu'à atterrir en douceur!

Plus facile à conduire qu'un avion!

Pas besoin d'une licence de pilote! Une formation de 25 heures, pour environ 3500 € donne le droit de conduire un autogire. Un GPS vous guide à une altitude maximum de 1500 m, beaucoup plus basse que les avions. Aucun risque de collision!

D'ailleurs, l'Union européenne est sur le point d'homologuer le Pal-V.

Son prix? Environ 100 000 €. C'est cher! Mais quand le succès sera au rendez-vous, le Pal-V deviendra un véhicule grand public et son prix baissera. C'est du moins ce qu'espère John Bakker. Et nous aussi! ∎

---

1 Observe les illustrations, lis le titre et le chapeau (sous-titre) de cet article.

a) Fais des hypothèses sur son contenu.

b) Sur les illustrations, trouve: l'hélice, le rotor, les pales, les roues, le toit.
(Aide-toi d'un dictionnaire si nécessaire.)

c) Comment dit-on un embouteillage dans ta langue?

d) Lis l'article et vérifie tes hypothèses:

Le Pal-V est: ☐ un hélicoptère. ☐ un avion. ☐ une voiture. ☑ un autogire.

2 *Lis la première partie (Une invention européenne) et complète le tableau :*

Qui ? (nom, nationalité)	Quoi ?	Quand ?
Juan de la Cierva	Invention de l'autogire	... 1923
Igor Sikorsky et Henrich Fock	Mise au point de l'hélicoptère	Dans les années trente
Victorio Magni	Reprise de la construction d'autogires	Fin des années 60
John Bakker, néerlandais	Travail sur le Pal-V	... 2000

 3 *Lis la deuxième partie (Le Pal-V).*

a) *Complète avec* **rouler, voler :** Comme une moto ou une voiture, le Pal-V peut rouler sur la route ou l'autoroute, mais comme un hélicoptère ou un avion, il peut aussi s'envoler

c) *Indique les dimensions du Pal-V :*

b) *Avec un plein d'essence, le Pal-V peut voler :*
☐ 1 heure. ☑ 3 heures. ☐ 5 heures.

LES EXPRESSIONS POUR...

1 Dater un événement historique :
Dans les années trente (en 1930, 31, 32, ... 38, 39)
À la fin des années soixante.
Le début des années 2000/**Au début des années** 2000.
Rappel : Pour une date exacte : **En** 1923.
2 Indiquer des dimensions :
Le pal-V **mesure** 4 m **de long**, 1 m **de large**, 1,60 m **de haut**.
3 Indiquer une vitesse :
Il vole **à** (une vitesse de) **200 km/h** (kilomètres/heure = [kilɑmɛtrœr])

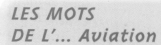

LES MOTS DE L'... Aviation

s'envoler
décoller
voler
survoler
planer
atterrir

 4 *Lis la troisième partie (Plus facile à conduire qu'un avion !).*

a) *Les avions volent :* ☐ au-dessous de 1 500 m ☐ à 1 500 m ☑ au-dessus de 1 500 d'altitude.

b) *L'UE* ☐ a déjà autorisé ☑ va bientôt autoriser ☐ ne va pas autoriser les Pal-V.

c) *Quand le succès sera au rendez-vous, le prix du Pal-V baissera, cela veut dire :*
☑ Si le Pal-V a du succès, son prix baissera. ☐ Si son prix baisse, le Pal-V aura du succès.

d) *L'auteur de l'article pense que le Pal-V :*
☑ aura du succès, c'est sûr. ☐ aura peut-être du succès. ☐ n'aura pas de succès.

 ___ *Pour communiquer et structurer* ___

1 CONVAINCRE, EXPRIMER AVEC CERTITUDE UN ÉVÉNEMENT FUTUR
Quand + état/événement au <u>futur</u>, conséquence au <u>futur</u> (la description future et sa conséquence future sont exprimées au futur) : **Quand** le succès <u>sera</u> au rendez-vous, le prix du Pal-V <u>baissera</u>.
2 INDIQUER LE FUTUR IMMÉDIAT D'UN ÉVÉNEMENT
Être sur le point de + <u>infinitif</u> : L'UE **est sur le point d'**<u>homologuer</u> le Pal-V.

 5 *Et toi ?*

Que penses-tu du Pal-V ? Crois-tu qu'il aura du succès ? Pourquoi ?
Connais-tu un autre moyen de transport sur le point d'être inventé ?
Discute avec tes camarades.

 6 *À toi !*

En groupes, explique comment fonctionne un autogire. Fais des schémas, des dessins ; trouve des photos sur Internet. Présente ton « travail » aux autres groupes.

JE N'AURAIS PAS DÛ...

JENNIFER: Allô, Dylan ? c'est Jennifer. Ça va ?

DYLAN: Salut, Jennifer ! Ça va ! Alors, tu me le ramènes quand, mon cyclo ?

JENNIFER: Ben... justement, je voulais te dire... J'ai eu un petit problème.

DYLAN: On te l'a volé ?

JENNIFER: Non !

DYLAN: Tu as eu un accident ?

JENNIFER: Mais non ! Je suis prudente !

DYLAN: Ben quoi, alors ?

JENNIFER: Les flics* m'ont arrêtée...

DYLAN: C'est pas grave ! Je t'avais donné les papiers.

JENNIFER: Oui, mais je les avais laissés chez moi.

DYLAN: Oh ! tu aurais dû les prendre ! Tu as eu une amende ?

JENNIFER: Ben, je n'avais pas mon casque non plus. Je sais, j'aurais dû le mettre mais il faisait trop chaud.

DYLAN: Mais c'est hyper-dangereux ! Tu n'aurais pas dû rouler sans casque !

JENNIFER: Et puis, je n'avais pas allumé les feux de croisement ; il paraît que c'est obligatoire mais je ne savais pas. Si tu me l'avais dit, je les aurais allumés.

DYLAN: Mais enfin, tu viens juste de passer ton Brevet de Sécurité routière ! Tu aurais dû le savoir !

JENNIFER: Ben, le brevet, en fait, je l'ai raté. Le moniteur n'a pas voulu me le donner ; il a dit que je n'étais pas assez sûre de moi. Il exagère !

DYLAN: Mais tu aurais pu me le dire ! Sans brevet, le cyclo n'est pas assuré. Tu te rends compte ?

JENNIFER: Eh oui, c'est ce que m'ont dit les flics*. C'est pour ça qu'ils ont gardé le cyclo ! J'aurais bien aimé te le rendre mais...

DYLAN: Quoi ?

JENNIFER: Il faut aller le chercher au commissariat. Je crois que l'amende va être chère. Dylan, je regrette... je suis désolée...

DYLAN: Je n'aurais jamais dû te prêter mon cyclo !

* flic (familier) = policier.

> **AU FAIT !**
>
> Les papiers sont les documents officiels : carte d'identité, permis de conduire, assurance, BSR...

---

  1 **Écoute le dialogue.** *Vrai ou faux ?*

1-PISTE 17

	VRAI	FAUX
1. Jennifer a prêté son cyclomoteur à Dylan.	☐	☑
2. Jennifer a son Brevet de Sécurité routière.	☐	☑
3. Jennifer a été arrêtée par la police.	☑	☐
4. Les policiers ont confisqué le cyclomoteur.	☑	☐
5. Dylan fait des reproches à Jennifer.	☑	☐
6. Jennifer est désolée, elle regrette.	☑	☐

---

  2 **Écoute encore une fois.** *Compare la photo avec les infractions de Jennifer :*

1-PISTE 17

Casque homologué obligatoire.

Rétroviseur à gauche obligatoire.

Feu rouge et dispositif réfléchissant obligatoires.

Feu de croisement obligatoire.

Plaque d'immatriculation obligatoire.

Brevet de Sécurité routière (BSR), assurance, certificat de conformité obligatoires.

3) *Écoute et lis le dialogue.*

a) *Classe dans le tableau :*

tu n'aurais pas dû rouler sans casque – j'aurais dû le mettre – j'aurais bien aimé te le rendre – tu aurais pu me le dire – tu te rends compte – je suis désolée.

b) *Complète le tableau avec d'autres expressions du dialogue :*

Regrets	Reproches
…	…

Pour communiquer et structurer

FAIRE DES REPROCHES OU EXPRIMER DES REGRETS
Les verbes *devoir*, *pouvoir* et *aimer*

Verbe *avoir* au conditionnel présent + participe passé (*dû, pu, aimé*) + <u>infinitif</u>

Faire des reproches :
Tu **aurais pu** me le <u>dire</u>.
Tu **aurais dû** le <u>savoir</u>.
Tu **n'aurais pas dû** <u>rouler</u> sans casque.

Exprimer des regrets :
J'**aurais dû** le <u>mettre</u>.
Je **n'aurais jamais dû** te <u>prêter</u> mon cyclo.
J'**aurais bien aimé** te le <u>rendre</u>.

▶ **LES EXPRESSIONS POUR...**

Reprocher : Tu te rends compte !
Regretter : Je regrette. Je suis désolé(e).

Culture & Compagnie

En France, on peut conduire un cyclomoteur
à partir de 14 ans.
Pour cela, il faut passer le brevet de sécurité routière :
il est constitué de l'ASSR1 (attestation scolaire de sécurité
routière de premier niveau qui se passe en cinquième)
et d'une formation pratique de 5 heures
que l'on passe dans une auto-école.
Pour une voiture, il faut le permis de conduire. On peut
le passer à partir de 18 ans. Mais on peut le préparer
dès 16 ans, dans le cadre de la conduite accompagnée
(avec ses parents) si l'on est titulaire de l'ASSR2
(attestation scolaire de sécurité routière de second
niveau qui se passe en troisième).

LES MOTS DE LA...
Conduite

le cyclomoteur (un cyclo)
le scooter
le deux-roues
le Brevet de sécurité routière
le permis de conduire
l'amende (la contravention)
passer/rater son brevet
être arrêté(e) par la police

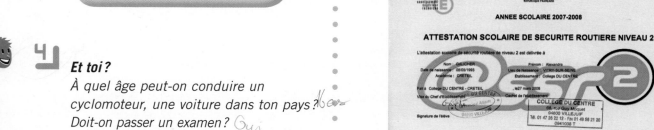

 4) *Et toi ?*

À quel âge peut-on conduire un
cyclomoteur, une voiture dans ton pays ?
Doit-on passer un examen ?
Qu'est-ce qui est obligatoire sur un cyclo ?

 À toi !

Tu vas présenter les règles de conduite d'un scooter dans ton pays.
Dessine un cyclo (ou prends une photo) et indique ce qui est obligatoire.
Écris un petit texte pour présenter les règles.

C'est quoi, ton signe ?

Qu'est-ce que tu regardes ? Jennifer ?

Mon horoscope.

N'importe quoi ! Tu crois à l'astrologie maintenant ?

Ben, oui ! Si je l'avais regardé la semaine dernière, je ne t'aurais pas emprunté ton cyclo !

De toute façon, je ne te le prêterai plus ; mon père ne veut pas payer l'amende, je ne peux pas le récupérer.

C'est quoi ton signe ? Je vais voir si ça va s'arranger et si on va te le rendre...

Pff... je suis Cancer, m[...] j'y crois pas à ton truc[...]

1-PISTE 18

1 **Écoute le dialogue.** *Vrai ou faux ?*

	VRAI	FAUX
1. Jennifer est en train de lire son horoscope.	☑	☐
2. Jennifer a lu son horoscope la semaine dernière.	☐	☑
3. Dylan a une bonne opinion de l'astrologie.	☐	☑
4. Dylan a récupéré son cyclomoteur au commissariat.	☐	☑

2 **Voici l'horoscope que regarde Jennifer.** *Trouve ton signe.*

> **LES EXPRESSIONS POUR...**
>
> Emprunter/Prêter : Le propriétaire **prête** (*prêter*) puis **récupère** (*récupérer*) un objet à une personne qui **emprunte** (*emprunter*) puis **rend** (*rendre*) cet objet.

Horoscope

Bélier   21 mars – 20 avril

Vie sociale : Vos amis sont près de vous. Vous pouvez compter sur eux.

Chance : Vous attendez quelque chose ? C'est pour bientôt !

Études : Tout va bien ! Continuez !

Cœur : Vous allez rencontrer quelqu'un. Préparez-vous !

Taureau   21 avril – 21 mai

Vie sociale : Le travail, c'est important mais pensez aussi à vos amis !

Chance : Il faut attendre un peu, elle va revenir bientôt.

Études : Une petite baisse de performances mais quelqu'un va vous aider.

Cœur : Quelque chose ne vous plaît pas. Parlez-en !

Gémeaux   22 mai – 21 juin

Vie sociale : Votre bonne humeur attire de nouvelles connaissances.

Chance : Rien ne vous fait peur. Vous avez raison !

Études : Les professeurs vous féliciteront pour vos efforts.

Cœur : Vous ne réclamez rien, c'est ce qui lui plaît.

Cancer   22 juin – 23 juillet

Vie sociale : Vous êtes énervé(e), vous ne voulez voir personne. Soyez patient(e), ça passera !

Chance : La chance n'est pas au rendez-vous !

Études : Attention aux examens ! Ne vous déconcentrez pas.

Cœur : Personne ne fait attention à vous. Soyez plus souriant(e) !

Lion
24 juillet –
23 août

Balance
24 septembre –
23 octobre

Sagittaire
23 novembre –
21 décembre

Verseau
21 janvier –
19 février

Vierge
24 août –
23 septembre

Scorpion
24 octobre –
22 novembre

Capricorne
22 décembre –
20 janvier

Poissons
20 février –
20 mars

3 Lis l'horoscope de Dylan.

Est-il plutôt optimiste ou pessimiste?
D'après cet horoscope, ses problèmes vont-ils s'arranger?

4 Lis l'horoscope des : **Bélier, Taureau, Gémeaux et Cancer.**

Classe-les du plus négatif au plus positif. Justifie.

5 Dans les quatre horoscopes, repère : **les constats ; les prédictions ; les conseils.**

Les constats (présent)	Les prédictions (futur/futur proche)	Les conseils (impératif)
Vous êtes énervé(e).	*Quelqu'un va vous aider.*	*Soyez patient(e).*
…	…	…

Pour communiquer et structurer

FAIRE DES CONSTATS/DES PRÉDICTIONS, DONNER DES CONSEILS (RAPPEL)

▷ Pour faire des constats, on utilise le présent : Vous **êtes** énervé(e).
▷ Pour faire des prédictions, on utilise le futur ou le futur proche : Quelqu'un **va** vous **aider**.
▷ Pour donner des conseils, on utilise l'impératif : **Soyez** patient(e).

6 De quoi ou de qui parle-t-on? *Classe les phrases dans le tableau :*

1. Personne ne fait attention à vous.
2. Vous ne voulez voir personne.
3. Quelque chose ne vous plaît pas.
4. Vous attendez quelque chose ?
5. Quelqu'un va vous aider.
6. Vous allez rencontrer quelqu'un.
7. Rien ne vous fait peur.
8. Vous ne réclamez rien.

On parle d'une personne	On parle d'une chose
…	…

Pour communiquer et structurer

PARLER D'UNE PERSONNE/D'UNE CHOSE : LES PRONOMS INDÉFINIS

Pour parler d'une personne ou d'une chose que l'on ne connaît pas, on utilise les pronoms indéfinis.

Parler d'une personne :
Quelqu'un, personne (ne)

Parler d'une chose :
Quelque chose, rien (ne)

Avec *rien* et *personne*, on utilise <u>ne</u>.
Quelqu'un, quelque chose, rien, personne peuvent être :

sujet : **Quelqu'un va** vous aider.　　　　ou COD : Vous attendez **quelque chose** ?
　　Rien <u>ne</u> vous fait peur.　　　　　　　Vous <u>**ne**</u> voulez voir **personne**.

7 Et toi?

Tu lis régulièrement ton horoscope? Tu penses que c'est sérieux? Discute en groupes.

8 À toi !

En groupes, tu prépares deux horoscopes: un plutôt positif (optimiste) et un plutôt négatif (pessimiste) pour deux signes différents. Tu utilises les pronoms indéfinis.
Tu choisis les deux signes et tu écris des constats, des prévisions et des conseils pour les quatre rubriques :
« Vie sociale », « Chance », « Études », « Cœur ».

SI ON LISAIT DES BD?

1)

2)

3)

Un devin (une personne qui prétend voir dans le futur) s'est caché dans la forêt à côté du village d'Astérix. Mais il a disparu; les habitants sont tristes et fâchés contre Astérix car ils pensent que c'est lui qui a chassé le devin.

4)

 Observe les documents 1, 2 et 3.
Connais-tu le personnage?
Où est-il? Que fait-il?

 Lis les vignettes (documents 1, 2 et 3).

a) **Quelle est la vignette qui te fait le plus rire? Pourquoi?**

b) **Le Chat fait des prédictions ou des hypothèses.**
Classe-les de la moins probable à la plus probable.

 ## Pour communiquer et structurer

FAIRE DES PRÉDICTIONS, DES HYPOTHÈSES *(RAPPEL)*

▷ *Si* + hypothèse au <u>présent</u>, résultat au <u>futur</u> (l'hypothèse est possible, le résultat est probable):
Si tu <u>ramasses</u> un coquillage, tu <u>entendras</u> la mer.

▷ *Quand* + prédiction au <u>futur</u>, résultat au <u>futur</u> (la prédiction et le résultat sont probables mais on n'est jamais sûr du futur!): **Quand** je <u>serai</u> riche, je <u>payerai</u> quelqu'un…

▷ *Si* + hypothèse à l'imparfait, résultat au <u>conditionnel présent</u> (l'hypothèse et le résultat sont peu probables):
Si j'<u>étais</u> riche, je <u>distribuerais</u> mon argent…

3 *Observe la vignette d'Astérix (document 4).*
Quels personnages sont tristes, fâchés, énervés?

4 *Lis la vignette et réponds:*

a) ☐ Astérix savait que le devin était dans la forêt.
☑ Astérix ne savait pas que le devin était dans la forêt.

b) ☐ Astérix a chassé le devin.
☑ Astérix n'a pas chassé le devin.

5 *Observe et réponds:*

« Si j'avais su que le devin était dans la forêt... »
Astérix fait une hypothèse sur: ☑ le passé. ☐ le présent. ☐ le futur.

Pour communiquer et structurer

FAIRE DES HYPOTHÈSES DANS LE PASSÉ:

Si + hypothèse au <u>plus-que-parfait</u>, résultat au <u>conditionnel passé</u>
L'hypothèse concerne le passé, elle est donc impossible (c'est trop tard!), le résultat est donc lui aussi impossible. On peut aussi utiliser cette structure pour des reproches ou des regrets:
▷ reproche: **Si** tu <u>avais travaillé</u>, tu <u>aurais réussi</u> ton examen.
▷ regret: **Si** j'<u>avais travaillé</u>, j'<u>aurais réussi</u> mon examen.

Le conditionnel passé

Être ou *avoir* au conditionnel présent + participe passé

J'aur**ais** aimé	Je ser**ais** venu(e)
Tu aur**ais** aimé	Tu ser**ais** venu(e)
Il/Elle/On aur**ait** aimé	Il/Elle/On ser**ait** venu(e)
Nous aur**ions** aimé	Nous ser**ions** venu(e)s
Vous aur**iez** aimé	Vous ser**iez** venu(e)s
Ils/Elles aur**aient** aimé	Ils/Elles ser**aient** venu(e)s

6 *Relie chaque hypothèse ou prédiction à son résultat:*

Si je gagne au loto,   j'achèterais une moto.
Si je gagnais au loto,   j'achèterai une moto.
Quand je gagnerai au loto,   j'aurais acheté une moto.
Si j'avais gagné au loto,   j'achèterai une moto.

7 ## À toi !

En groupes, complète cette vignette avec une hypothèse dans le passé (si + plus-que-parfait, conditionnel passé).
Compare avec tes camarades et vote pour la planche la plus humoristique.

LES INSTITUTIONS EUROPÉENNES

LE CONSEIL EUROPÉEN

Constitué des chefs d'États ou de gouvernement des 27 pays membres et du président de la Commission européenne. Il se réunit au minimum deux fois par an et fixe les grandes orientations de la politique européenne.

LA COMMISSION EUROPÉENNE

Constituée de 27 commissaires nommés pour 5 ans par le Conseil européen. La Commission prépare les lois et vérifie leur application. Elle siège à Bruxelles, en Belgique.

LE PARLEMENT EUROPÉEN

Constitué de 785 députés élus au suffrage universel direct, tous les 5 ans, par les citoyens de chaque pays membre. Le Parlement se réunit douze fois par an à Strasbourg (France).
Les députés votent le budget de l'Union préparé par la Commission. Ils donnent leur avis sur les propositions de loi de la Commission.

LE CONSEIL DE L'UNION EUROPÉENNE

Constitué des ministres des 27 gouvernements des pays membres qui se réunissent régulièrement à Bruxelles. Le Conseil décide les futures lois (les directives) seul ou avec le Parlement européen.
La présidence du Conseil de l'Union européenne est assurée à tour de rôle par chaque pays membre, pour une durée de six mois.

Document 1

1 **Lis le document 1.**
a) Qui fait quoi ?
- Prépare les lois ▷ *Commission*
- Fixe les grands objectifs ▷ *CUE*
- Donne un avis sur les lois ▷ *Parlement*
- Adopte la loi ▷ *CE*

b) Qui est où ?
À Bruxelles ▷ ... À Strasbourg ▷ ...

c) Qui est élu par les citoyens européens ?

2 **Comment se prend une décision européenne ?**
Lis le document 2 et complète avec : Le Conseil européen, La Commission européenne, Le Parlement européen, Le Conseil de l'Union européenne.

Imaginons l'exemple d'une nouvelle directive qui rendrait le gilet fluorescent obligatoire pour les cyclistes.

Étape 1 :
..., qui réunit les chefs d'État ou de gouvernement, fixe une grande orientation : il faut que tous les pays de l'Union aient une meilleure sécurité routière, notamment pour les deux-roues.

Étape 2 :
... réfléchit à la question et propose une loi qui dit que le gilet doit être obligatoire quand on fait du vélo.

Étape 3 :
... discute de cette proposition et donne son avis : d'accord pour obliger les cyclistes à porter un gilet mais il faut aussi les obliger à porter un casque.

Étape 4 :
... réunit les ministres des pays membres, chargés de la sécurité routière. Ils étudient la proposition de ... (étape 2) et prennent en compte l'avis du ... (étape 3). Les ministres adoptent une directive : le port du gilet fluorescent et du casque est obligatoire pour les cyclistes.

Document 2

3

Qui est en ce moment :

– le pays qui préside le Conseil de l'Union européenne ?

– le président de la Commission européenne ?
Quelle est sa nationalité ?

– le Commissaire européen chargé de l'éducation ?
Quelle est sa nationalité ?

Fais-toi aider par ton prof d'histoire/géo ou cherche sur Internet !

LES MOTS DE LA...
Politique

le chef d'État
le chef de gouvernement
le président
le ministre
le député
le commissaire
le parlement
la commission
le conseil
préparer/proposer/voter/appliquer une loi
la directive
le suffrage universel direct
se réunir/siéger

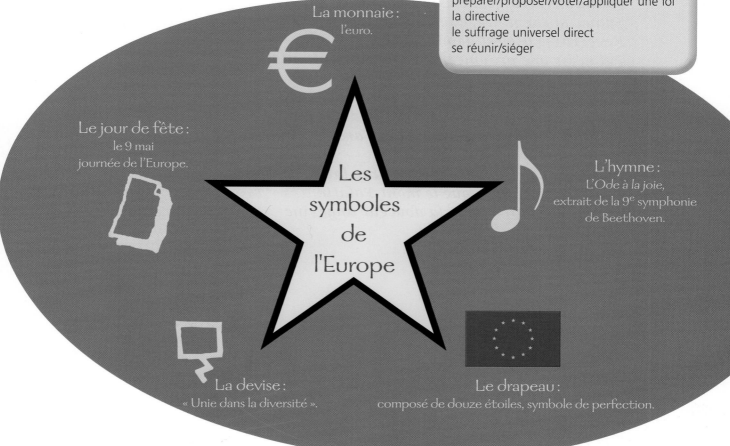

La monnaie : l'euro.

Le jour de fête : le 9 mai journée de l'Europe.

Les symboles de l'Europe

L'hymne : L'Ode à la joie, extrait de la 9e symphonie de Beethoven.

La devise : « Unie dans la diversité ».

Le drapeau : composé de douze étoiles, symbole de perfection.

4 *Et toi ?*
Quels sont les symboles de ton pays (drapeau, hymne, monnaie, jour de fête (fête nationale), devise...) ? Tu connais ceux de la France ?

5 *À toi !*
Imagine une nouvelle directive européenne qui concernerait les cyclomoteurs ou les motos.

a) En groupes, tu fais le travail de la Commission européenne : *tu proposes une loi qui améliore la sécurité des cyclomotoristes ou des motards.*

b) Toute la classe est le Parlement européen : *vous discutez et donnez votre avis sur chaque loi.*

c) En groupes, tu fais le travail du Conseil de l'Union européenne : *tu adoptes une directive qui améliore la sécurité des cyclomotoristes et des motards (tu tiens compte des propositions des autres groupes et de l'avis de la classe). Tu écris cette loi sur une affiche ; tu peux y ajouter des illustrations (photos, dessins...).*

SÉQUENCE 12

Heureux qui comme Ulysse...

Sonnet de Joachim du Bellay (1522-1560)

Heureux qui, comme Ulysse, a fait un beau voyage,
Ou comme celui-là qui conquit la toison,
Et puis est retourné, plein d'usage et raison,
Vivre entre ses parents le reste de son âge !

Quand reverrai-je, hélas ! de mon petit village
Fumer la cheminée, et en quelle saison
Reverrai-je le clos* de ma pauvre maison,
Qui m'est une province, et beaucoup d'avantage ?

Plus me plaît le séjour qu'ont bâti mes aïeux,
Que des palais romains le front audacieux :
Plus que le marbre dur me plaît l'ardoise fine,

Plus mon Loire gaulois que le Tibre latin,
Plus mon petit Liré que le mont Palatin,
Et plus que l'air marin la douceur angevine

*un clos : un terrain cultivé

1 **Écoute le poème.**
Quel sentiment s'en dégage ? Justifie.

2 **Écoute et lis.**
Quel est le thème de ce sonnet ?

☐ L'amour des voyages.
☑ La nostalgie de sa région d'origine.
☐ Les guerres entre Romains et Gaulois.

1-PISTE 19

AU FAIT !

Hélas ! est une interjection qui exprime la plainte, le regret, la douleur.

3 **Écoute encore.**

a) **Combien y a-t-il de strophes (paragraphes) ?**
Combien de vers (lignes) par strophes ?
Combien de pieds (syllabes) par vers ?

b) **Voici les rimes du poème :**
[aʒ] : -age ; [in] : -ine ; [ɛ̃] : -in ; [jø] : -ieux ou -yeux ; [ɔ̃] : -on.
Combien de fois entend-on chaque rime ?
Continue dans l'ordre : -age ; -on ; -on ; ...

Littérature & Compagnie

Un sonnet est un poème à quatre strophes.
Les deux premières strophes comptent quatre vers, les deux dernières, trois vers.
Chaque vers compte 12 pieds (cela s'appelle un alexandrin).
Un poème peut être en rimes : on entend le même son à la fin de deux (ou plus) vers.

4 *Lis encore et relie chaque phrase à une strophe:*

STROPHE

Je préfère ma maison modeste à des palaces.   3

Pour être heureux, il faut retourner à ses racines (chez soi).   1

Je préfère ma région aux belles régions étrangères.   4

Je suis impatient de retourner chez moi.   2

5 *Trouve dans le sonnet:*
- *le nom d'un fleuve italien;* Tibre
- *le nom d'une colline de Rome;* Palatin (Mont)
- *le nom d'une rivière française;* Loire
- *le nom d'un petit village français;* Liré
- *deux personnages de la mythologie.* Ulysse, Jason

 1-PISTE 20

6 ***Écoute la chanson.***

Tu reconnais le poème?

La mélodie va-t-elle bien avec les paroles? Pourquoi?

Retrouve le refrain de la chanson dans le poème d'origine.

7 ***Et toi?***

Tu connais des poèmes, des sonnets? dans ta langue? en français?

Tu aimes la poésie? Pourquoi?

Tu aimes les chansons qui reprennent de vieux poèmes?

8 ## À toi!

Voici un autre poème du XVIᵉ siècle, il est de Pierre de Ronsard (1524-1585). Son thème est la vieillesse: Ronsard conseille aux jeunes filles de profiter de leur jeunesse car la vieillesse arrive trop vite! Il les compare à la rose qui fane rapidement. En groupes, invente ou trouve une mélodie et chante le poème. Trouve un ou deux vers qui constitueront le refrain (et qu'il faudra donc répéter). Attention au rythme! tous les vers ont 8 pieds.

 Mignonne, allons voir si la rose

Mignonne, allons voir si la rose
Qui ce matin avait déclose*
Sa robe de pourpre au soleil,
A point perdu cette vesprée**
Les plis de sa robe pourprée,
Et son teint au vôtre pareil.

Las***! voyez comme en peu d'espace,
Mignonne, elle a dessus la place,
Las! las ses beautés laissé choir****!
Ô vraiment marâtre***** Nature,
Puisqu'une telle fleur ne dure
Que du matin jusques au soir!

Donc, si vous me croyez, mignonne,
Tandis que votre âge fleuronne
En sa plus verte nouveauté,
Cueillez, cueillez votre jeunesse:
Comme à cette fleur, la vieillesse
Fera ternir votre beauté.

* éclose   ** ce soir   *** hélas   **** tomber   ***** méchante

LES FRANÇAIS, ICI ET AILLEURS

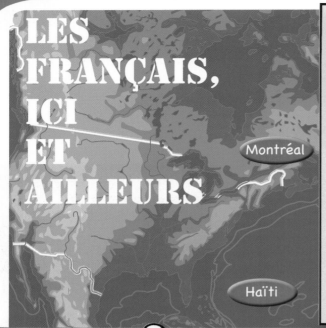

Montréal

Haïti

Paris

Gen

Marseille

Algérie

Côte d'Ivoire

Bonjour! Je m'appelle Amélie Tremblay, je suis née à Montréal et je travaille comme professeur d'histoire à l'université de Montréal. Au Québec, on parle français mais il y a des petites différences comme les expressions comme: « *je vais barrer mon char* » ou « *ce film est quétaine* ». Ça veut dire: *je vais fermer la portière de ma voiture et ce film est fleur bleue.* Bon eh bien, je vous attends à Montréal. Au revoir!

Alors je m'appelle Idir Minasri. Je travaille comme surveillant à l'Alliance française depuis 35 ans, à l'Alliance. Et je continue jusqu'à 2010 et ça fait euh… je prends ma retraite, là. Voilà, il me reste encore une année. Je suis algérien kabyle et je suis rentré en France depuis 1973. Je continue ma retraite ici, à Paris. J'espère que je continue ma retraite ici, pour ma fille aussi parce que c'est là qu'elle est née, c'est là qu'elle est née, c'est là qu'elle fait ses études, donc je ne peux pas lui couper ses études. Bonjour en tamazight? « *Azul!* » Et en arabe? « *Sabahlher!* » Au revoir et merci!

Bonjour! Euh… je m'appelle Ali Saïd, je suis comorien. Euh… les Comores, ce sont des îles qui se trouvent dans l'océan Indien, entre Madagascar et l'Afrique. Aux Comores, on parle le français; d'ailleurs, c'est la langue officielle et le comorien qui est un mélange de mots arabes, de mots français, quelques mots en anglais et des mots en portugais aussi. Euh… *Comment ça va?*, on dit: « *Ejé* ». *Ça va bien*: « *njema* ».

---

1 *Observe les photos et la carte.*
D'après toi, qui vient d'où?
Fais des hypothèses.

 2 *Écoute et vérifie tes hypothèses.*
1-PISTE 21

 3 *Écoute une deuxième fois.*
1-PISTE 21
Qui sont les trois personnes qui ne vivent pas dans leur ville ou leur pays d'origine?

4 *Écoute encore.*
1-PISTE 21
Qui comprends-tu le mieux, le moins bien?
Pourquoi?

Oui, euh... bonsoir, Jean-Thierry euh je suis Flore-Sidonie Seri. Je suis née en Côte d'Ivoire euh, je suis à Paris depuis 17 ans. J'habite une banlieue proche de Paris, Garges-lès-Gonesse. Donc là, euh je suis d'un pays colonisé français, donc euh chez nous, on parle couramment le français, en Côte d'Ivoire euh mais il y a des expressions, des jeunes de maintenant. Comme par exemple euh, *je suis parti* ou bien *je m'en vais*: « *je vais béou* » ou « *j'ai béou* » ce qui veut dire *je suis parti*. Et puis, pour dire *il est costaud, il est grand, il est fort*, on dit: « *ah! le bonhomme, il est diba* », cela veut dire qu'il est costaud, il est « *diba* ». Voilà. Donc ce sont des expressions que les enfants, entre eux, ils savent et puis bon, les grands aussi savent parce que c'est courant. Voilà. Merci. Au revoir!

Bonjour, je m'appelle Pauline. J'ai 25 ans. J'habite à Genève, en Suisse. Je suis étudiante.
À Genève, on a quelques expressions qui sont différentes de la France comme par exemple: « *je vais faire nono* » qui veut dire *je vais dormir* ou encore: « *je vais me bâcher* »; ça veut dire: *je rentre*. Au revoir!

Bon, alors, bonjour! Alors je vais vous raconter mon histoire; je m'appelle Coco, Marc Israbian, j'habite à la Réunion mais je suis marseillais. Alors, à Marseille, bien sûr, comme à la Réunion, on parle français mais il y a des petites expressions qu'on n'entend pas ailleurs. Alors, par exemple, « *l'autre jour, sur mon cyclo, je chalais mon collègue, et comme il n'avait pas de casque, on s'est fait empêguer par les flics et on a été marron quoi!* ». Voilà! donc, en français, à Paris, on aurait dit: *je portais mon ami sur la selle derrière moi, en cyclomoteur et on s'est fait arrêter par la police.* Voilà! et ils nous ont mis une contravention. Au revoir!

Comores

Réunion

Je m'appelle Caroline, je suis originaire d'Haïti qui se trouve dans les grandes Antilles, ancienne colonie française où nous parlons français, évidemment. Alors, nous avons certaines expressions en créole, comme par exemple: « *achté péyé preté remet sa fè ké zammi diré* ». Alors, ça veut dire: *les bons comptes font les bons amis*. Voilà! comme partout!

---

5 **Écoute et lis.**
1-PISTE 21

Classe les expressions qui utilisent des mots français et celles qui utilisent des mots d'autres langues.

6 **Quelles expressions préfères-tu? Pourquoi?**

 7 *Et toi?*

Dans ta langue, y a-t-il des expressions différentes selon les régions, les pays?
Lesquelles?

1 *Lis le fait divers.*

EUROP'MAG

Faits divers
—————————

Le drapeau européen a été volé !

L'un des symboles de l'Europe, qui ornait l'entrée du Conseil de l'Union européenne à Bruxelles depuis son inauguration le 29 mai 1995, a été volé hier sous les yeux de plusieurs témoins.

Selon eux, un véhicule volant non identifié se serait approché de l'entrée principale du bâtiment surnommé le Justus-Lipsius, située rue de la Loi. Le pilote du curieux engin aurait arraché le drapeau à l'aide d'un couteau et aurait ensuite pris la fuite.

L'inspecteur Le Belge, de la police de Bruxelles, a commencé son enquête par l'audition de trois témoins. Tous décrivent le véhicule volant comme une sorte de Pal-V, une moto volante, de fabrication artisanale. Mais personne ne peut décrire le pilote car il portait un masque et un déguisement.

On peut s'interroger sur les raisons d'un tel acte ! ☐

a) Qu'est-ce qui s'est passé?
Où? Quand?

b) Fais la liste des personnes citées dans l'article.

c) Divise l'article en trois parties:
- avant le vol;
- pendant le vol;
- après le vol.

d) Regarde la planche de bande dessinée.
Situe les vignettes, les bulles et les onomatopées.

e) À quoi correspondent ces onomatopées?
Relie les onomatopées à leur signification.

Vrrrrrrr ●   ● la peur
Han ! ●   ● la surprise
Wahou ! ●   ● le bruit d'un moteur
Aaaahhh ! ●   ● l'admiration

2 **En groupes, tu vas créer une planche de bande dessinée qui raconte ce fait divers.**
Tu dessines les personnages de ta bande dessinée:
- *le voleur: quel est son déguisement?*
- *les témoins: il y a deux hommes et une femme avec un enfant.*
- *l'inspecteur: c'est un homme ou une femme? Quel est son âge?*
- *des policiers: deux policiers accompagnent l'inspecteur.*

3 **Tu imagines le véhicule volant.**
- *Tu fais des recherches dans des magazines ou sur Internet et tu choisis la moto dont tu vas t'inspirer pour créer le véhicule volant du voleur.*
- *Tu dessines le véhicule volant.*

4 **Tu crées ta planche de bande dessinée.**
a) Tu mets en place le scénario.
- *Tu organises ta planche selon les trois moments de l'histoire:*
– avant le vol: 1 vignette;
– pendant le vol: 3 vignettes;
– après le vol: 4 vignettes;
- *Tu décides ce que tu vas dessiner dans les vignettes.*
- *Tu écris les dialogues. (N'oublie pas les onomatopées!)*

b) Tu dessines ta planche.
- *Tu dessines chaque vignette pour représenter les différents moments du fait divers.*
- *Tu écris les dialogues dans des bulles.*

5 **On compare!**
- *Chaque groupe présente sa planche de bande dessinée à la classe.*
- *Chacun explique son choix.*
- *La classe vote pour la meilleure planche.*

ÉVALUATION

1 **Point de vue sur l'Europe**
Associe les éléments des deux colonnes pour former des phrases (plusieurs réponses sont parfois possibles) :

1. Je pense que ●
2. Je ne crois pas que ●
3. Pour moi, ●
4. J'ai l'impression que ●

● l'Europe ●

● **a.** doive s'agrandir.
● **b.** est importante pour la paix.
● **c.** c'est la possibilité de voyager.
● **d.** soit juste faite pour gagner de l'argent.

2 **Point de vue sur l'astrologie**
L'astrologie, c'est sérieux ? C'est important de connaître le signe astrologique de quelqu'un ? L'horoscope permet de prédire l'avenir ? Ça peut aider à prendre des décisions importantes ? Tu participes à un forum sur Internet : écris un court texte pour donner ton point de vue sur l'astrologie. Utilise : je pense que, je ne pense pas que, je crois, je ne crois pas que.

Je…

3 **Le Concorde**
Écris un texte pour raconter l'histoire et décrire les caractéristiques du Concorde. Utilise le présent historique, les expressions pour dater et situer dans le temps, n'oublie pas d'indiquer les dimensions :

● **Fin des années 1950 :** des entreprises britannique, française, américaine et soviétique veulent construire le premier avion civil supersonique.
● **11 décembre 1967 :** le premier prototype français d'avion civil supersonique est présenté à Toulouse.
● **2 mars 1969 :** premier vol du Concorde.
● **21 janvier 1976 :** premier vol commercial entre Paris, Dakar et Rio de Janeiro.
● **25 juillet 2000 :** accident d'un Concorde près de l'aéroport Paris-Charles-de-Gaulle.
● **31 mai 2003 :** dernier vol commercial du Concorde sous les couleurs d'Air France.

Longueur : 62,19 m   Hauteur : 12,19 m
Largeur : 25,60 m   Vitesse : 2 179 km/h

4 **François et Annie se disputent !**
Entoure le verbe correct :

FRANÇOIS : — Je voudrais (récupérer / rendre) la BD que je t'ai (prêtée / empruntée) la semaine dernière.

ANNIE : — Je ne t'ai pas (emprunté / prêté) de BD !

FRANÇOIS : — Bien sûr que si ! Je t'ai (prêté / emprunté) une BD d'*Astérix* !

ANNIE : — Je ne m'en souviens pas ! Je regarderai chez moi.

FRANÇOIS : — Tu as intérêt à la retrouver ! Je veux absolument la (rendre / récupérer) !

ANNIE : — Mais si je ne la retrouve pas, je ne pourrai pas te la (rendre / récupérer) !

FRANÇOIS : — Alors tu m'en rachèteras une !

5 *François et Annie se disputent encore !*

Complète le dialogue avec les formes suivantes : **tu n'aurais pas dû – je suis désolée – tu aurais pu – j'aurais bien aimé – tu aurais dû – je n'aurais pas dû – je regrette.**

FRANÇOIS : — Tu es en retard ! *3* me téléphoner !

ANNIE : — Oui, *4* te téléphoner mais je n'avais plus de batterie.

FRANÇOIS : — .*5* penser à recharger ton téléphone !

ANNIE : — .*6* . … oublier de le recharger mais je me suis levée en retard et j'étais très pressée ce matin.

FRANÇOIS : — *1* te lever en retard !

ANNIE : — *2* mais j'ai mal dormi à cause de toi !

6 *Horoscope chinois…*
Entoure le mot correct :

L'année prochaine :

Dragon :	Chien :	Singe :
Vous aimerez (quelqu'un / personne) *mais* (quelqu'un / personne) *ne vous aimera !*	*Vous voulez* (quelque chose / rien) ? *Vous n'aurez* (quelque chose / rien).	*Vous ne rencontrerez* (personne / rien) *et il ne vous arrivera* (personne / rien) *d'intéressant.*

7 *François et Annie se réconcilient !*
Entoure la forme correcte :

ANNIE : — Tiens ! J'ai retrouvé ta BD.

FRANÇOIS : — Tant mieux. Si tu ne l'avais pas retrouvée, (je ne t'aurais plus jamais rien prêté / je ne te prêterais plus jamais rien).

ANNIE : — Tu en fais des histoires pour une BD ! Si (je ne la retrouvais pas / je ne l'avais pas retrouvée), je t'en aurais racheté une !

FRANÇOIS : — Oui, mais celle-ci est dédicacée par l'auteur. Si (tu en avais racheté / tu en rachetais) une, elle n'aurait pas été dédicacée.

ANNIE : — N'en parlons plus, je l'ai retrouvée !

FRANÇOIS : — Oui, mais si tu ne l'avais pas retrouvée…

ANNIE : — Je sais, (tu m'en voudrais / tu m'en aurais voulu) jusqu'à la fin de mes jours !

FRANÇOIS : — Non, (j'aurais fini / je finirais) par te pardonner mais (ça aurait pris / prendrait) du temps !

8 *Avec des* **si** *… et des* **quand**
Conjugue les verbes entre parenthèses :

1. Si le Conseil européen n'existait pas, il (ne pas fixer) *ne fixerais pas.* … les grandes orientations de la politique européenne.
2. Si la Commission européenne n'avait pas préparé les lois, elle (ne pas vérifier) *n'aurait pas vérifié* … leur application.
3. Si la Commission européenne (ne pas préparer) *n'avait pas préparé* … le budget de l'Union, le Parlement européen ne l'aurait pas voté.
4. Si le conseil de l'Union européenne (ne pas se réunir) *ne se réunissait pas* … régulièrement à Bruxelles, il ne pourrait pas décider les futures lois.
5. Quand le Parlement européen se réunira treize fois, les poules (avoir) *auront* … des dents !

AUTO-ÉVALUATION

	PAS ENCORE	SOUVENT	TOUJOURS
• Je comprends un débat sur l'Europe.	☐	☐	☐
• J'exprime mon accord, mon désaccord.	☐	☐	☐
• J'exprime mon opinion, mon point de vue.	☐	☐	☐
• Je fais des propositions, des suggestions.	☐	☐	☐
• Je comprends un texte sur l'histoire de l'Europe.	☐	☐	☐
• Je situe des faits dans le temps.	☐	☐	☐
• J'utilise le présent historique.	☐	☐	☐
• Je comprends un texte sur les origines et le futur d'une invention européenne.	☐	☐	☐
• Je date un événement historique.	☐	☐	☐
• J'indique les dimensions d'un objet.	☐	☐	☐
• J'indique le futur très proche : j'utilise *être sur le point de*.	☐	☐	☐
• J'indique la certitude d'un fait futur pour convaincre.	☐	☐	☐
• Je comprends un dialogue où on exprime des regrets et des reproches.	☐	☐	☐
• Je fais des reproches.	☐	☐	☐
• J'exprime des regrets.	☐	☐	☐
• Je connais les règles de sécurité à deux-roues.	☐	☐	☐
• Je connais les modalités de conduite d'un véhicule en France.	☐	☐	☐
• J'explique les modalités de conduite d'un scooter dans mon pays.	☐	☐	☐
• Je comprends un court dialogue sur le prêt d'un objet.	☐	☐	☐
• Je comprends un horoscope.	☐	☐	☐
• Je fais des constats, je fais des prédictions, je donne des conseils.	☐	☐	☐
• J'utilise les pronoms indéfinis.	☐	☐	☐
• J'écris un horoscope.	☐	☐	☐
• Je comprends des vignettes de BD.	☐	☐	☐
• J'utilise « *quand* + futur, futur ».	☐	☐	☐
• Je fais des hypothèses : possibles, peu probables, impossibles (irréelles).	☐	☐	☐
• J'écris les bulles d'une BD.	☐	☐	☐
• Je comprends un document sur le fonctionnement des institutions européennes.	☐	☐	☐
• Je comprends comment se prend une directive (loi) européenne.	☐	☐	☐
• Je connais les symboles de l'Europe, de mon pays, de la France.	☐	☐	☐
• J'imagine et écris une directive (loi) européenne.	☐	☐	☐
• J'écoute et lis un poème du XVIe siècle.	☐	☐	☐
• J'écoute une chanson contemporaine dont les paroles sont un poème du XVIe siècle.	☐	☐	☐
• Je mets un poème en chanson.	☐	☐	☐
• J'écoute des accents caractéristiques francophones des quatre coins du monde.	☐	☐	☐
• Je connais des expressions francophones. qui ne sont pas comprises par la majorité des Français !	☐	☐	☐

Tu vas trouver ici plusieurs activités de phonétique, en relation avec chaque séquence du livre (thème, lexique…).

Pour chaque activité :
- tu commences par écouter et repérer (ÉCOUTE) ;
- puis tu observes la « règle » (OBSERVE) ;
- puis tu peux produire, parler ou écrire (PARLE ou ÉCRIS).

Tu vas voir, la phonétique, c'est amusant !

AMUSE-TOI !

SÉQUENCE 1 GROUPE ET RYTHME

ÉCOUTE

PISTE 22

1. Écoute chaque groupe de mots et compte leur nombre de syllabes.
2. Relie les groupes qui ont le même nombre de syllabes.
3. Entoure la syllabe accentuée.

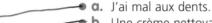

1. Un ophtalmologiste.
2. Un dermatologue.
3. Un ORL.
4. Un dentiste.
5. Docteur !
6. Aïe !

a. J'ai mal aux dents.
b. Une crème nettoyante.
c. Un savon dégraissant.
d. Ça pique !
e. Tout à fait !
f. Oui.

OBSERVE

▷ Un groupe de mots est prononcé comme un seul mot ; la voix ne s'arrête pas, on « attache » les mots par des liaisons et des enchaînements : *J'ai mal aux dents.* [ʒemalodɑ̃]
▷ Deux groupes comportant des nombres de mots différents peuvent avoir le même nombre de syllabes : *un ORL = j'ai mal aux dents* = 4 syllabes.
▷ Toutes les syllabes ont la même durée sauf la dernière du groupe qui est plus <u>longue</u> : *un ophtalmologiste* [œ̃ nɔf tal mɔ lɔ ʒist]
▷ La voyelle est le centre de la syllabe : elle est longue et claire.

PARLE

PISTE 23

1. a. Écoute et répète ces groupes. Prononce-les comme un seul mot. Respecte le nombre de syllabes et le rythme (toutes les syllabes sont régulières, la dernière est plus longue, les voyelles sont importantes). Fais les liaisons et les enchaînements :

1 syllabe :	Non !	Ouille !
2 syllabes :	Au secours !	Allô !
3 syllabes :	Une question ?	À tout de suite !
4 syllabes :	Absolument !	Bonjour Docteur.
5 syllabes :	Félicitations !	Elle a des lentilles.
6 syllabes :	L'activité physique	Vous avez des lunettes.

b. Trouve d'autres mots ou groupes de mots comportant 1, 2, 3, 4 et 5 syllabes.

2. Écoute et répète. Allonge bien la dernière
1-PISTE 24 *syllabe, prononce bien les voyelles :*

tête
la tête
la la tête
ma la la tête
la ma la la tête
i la ma la la tête = *il a mal à la tête*

giste
lo giste
mo lo giste
tal mo lo giste
nof tal mo lo giste
un nof tal mo lo giste = *un ophtalmologiste*

ACTIVITÉS DE PHONÉTIQUE

SÉQUENCE 2 L'ACCENT D'INSISTANCE

 **ÉCOUTE**

1-PISTE 25

1. Sur quel mot veut-on insister ?

2. Entoure la syllabe du mot sur lequel on insiste :

1. Je déteste la cantine !
2. Encore des haricots verts !
3. Tu as beaucoup de frites !
4. C'est pas bon pour la santé !
5. Au moins cinq par jour !
6. Je prends une pomme !

3. La dernière syllabe du groupe est-elle toujours plus longue ?

OBSERVE

▷ L'accent d'insistance frappe la première syllabe du mot qu'on veut mettre en valeur. Cette syllabe est plus forte, c'est un accent d'intensité.

▷ La dernière syllabe du groupe de mots reste plus longue, c'est un accent de longueur qui est toujours fait, sans exception.

PARLE

1-PISTE 26

1. Écoute et répète en respectant les deux accents : *insistance* et *longueur*.

1. C'est d**omm**age !
2. J'adore le chocol**at** !
3. Je d**é**teste les lég**u**mes !
4. Tu manges **en**core des fr**i**tes !
5. Tu manges **tro**p de fr**i**tes !
6. C**in**q légumes par j**our** ! C'est **im**poss**i**ble !

2. Transforme comme dans l'exemple. Fais la liaison et marque l'accent d'insistance.

Exemple : Ce n'est pas possible. ▷ C'est **im**poss**i**ble !

1. Ce n'est pas juste. ▷ ...
2. Ce n'est pas mangeable. ▷ ...
3. Ce n'est pas buvable. ▷ ...
4. Ce n'est pas poli. ▷ ...
5. Ce n'est pas croyable. ▷ ...
6. Ce n'est pas suffisant. ▷ ...

SÉQUENCE 3 LA LECTURE À VOIX HAUTE

 ÉCOUTE

1-PISTE 27

Indique chaque pause par « / ». Entoure la syllabe accentuée. Indique par une flèche si la voix monte ou descend. Quand la voix descend, note la pause par « // ». Note les liaisons et enchaînements par « ‿ » :

Pendant ce temps, dans un saladier, mélangez le sucre en poudre et le beurre mou. Remuez avec une cuillère en bois ou un batteur électrique. Quand le mélange devient léger et onctueux, ajoutez alors les œufs un à un en alternant avec la farine.

OBSERVE

Quand tu lis un texte à voix haute :

▷ Repère les groupes de mots qui forment un sens (« / »). Prononce ces groupes de mots comme un seul mot (fais les liaisons et les enchaînements).

▷ Allonge la dernière syllabe du groupe.

▷ Ta voix monte à la fin de chaque groupe. Elle descend à la fin du dernier groupe d'une phrase.

▷ Tu peux faire une pause à la fin de chaque groupe mais ce n'est pas obligatoire.

▷ Tu dois faire une pause quand ta voix descend, à la fin d'une phrase : « // ».

 PARLE

1-PISTE 28

1. Écoute et répète chaque groupe séparément ; fais les liaisons et les enchaînements ; *allonge* la dernière syllabe ; monte ta voix (/) ou descends-la (//) à la fin de chaque groupe :

Pendant ce **temps**, (/)
éplucher les pommes de **terre**, (/)
les la**ver** (/)
et les cou**per** (/)
en quatre mor**ceaux**. (//)
Les rajou**ter** (/)
dans la co**cotte**, (/)

ainsi que les ‿ o**lives** (/)
et les champig**nons**. (//)
Fermer la co**cotte** (/)
et laisser c**uire** (/)
15 mi**nutes** (/)
à feu mo**yen**. (//)

2. Écoute et répète en faisant moins de pauses. La dernière syllabe de chaque groupe est toujours plus longue, ta voix monte et descend toujours. Attention aux enchaînements !

PISTE 29

Pendant ce temps, éplucher les pommes de terre, (/)
les laver et les couper en quatre morceaux. (//)
Les rajouter dans la cocotte, (/)
ainsi que les olives et les champignons. (//)
Fermer la cocotte et laisser cuire 15 minutes à feu moyen. (//)

3. Lis maintenant le texte de la partie « Écoute » à voix haute. Fais le moins de pauses possible :

Pendant ce temps, dans un saladier, mélangez le sucre en poudre et le beurre mou. (//)
Remuez avec une cuillère en bois ou un batteur électrique. (//)
Quand le mélange devient léger et onctueux, (/)
ajoutez alors les œufs un à un en alternant avec la farine. (//)

SÉQUENCE 4   LE [ə] : MUET OU PRONONCÉ ?

 ÉCOUTE

PISTE 30

1. Entoure la lettre e quand elle se prononce [ə] :

L'argent de poche, je n'en ai jamais assez ! Mes parents me donnent 15 € tous les samedis mais après le week-end, il ne me reste rien ! Dès le mercredi, je demande une avance ! Le vendredi, c'est terrible !

 PARLE

Comment se prononcent les deux e du mot mercredi ?
Justifie avec les règles du tableau « Observe » ci-contre.

 ÉCOUTE

PISTE 31

2. Réécoute et barre les lettres e qui correspondent au son [ə] mais qui ne sont plus prononcées :

L'argent de poche, je n'en ai jamais assez ! Mes parents me donnent 15 € tous les samedis mais après le week-end, il ne me reste rien ! Dès le mercredi, je demande une avance ! Le vendredi, c'est terrible !

OBSERVE

▷ La lettre e se prononce [ə] :
– à la fin des « petits mots » d'une syllabe : *je, me, le*… ;
– à la fin d'une syllabe, dans un mot : *samedi, demande*… ;
sauf s'il y a une double consonne écrite après : *terrible*.

▷ La lettre e ne se prononce pas [ə] (elle se prononce [e] ou [ɛ]) si :
– elle est suivie d'une consonne écrite ou prononcée dans la même syllabe : *assez, reste*… ;
– le e final de mot ne se prononce pas (sauf dans les petits mots d'une syllabe).

 **OBSERVE**

▷ La lettre e qui correspond au son [ə] peut ne pas être prononcée quand il n'y a qu'une seule consonne prononcée devant, dans le mot ou le groupe de mots : *samedi, dès le mercredi*.

▷ Quand plusieurs syllabes avec un e se suivent, on prononce un e sur deux : *je demande ou je demande*.

▷ La lettre e qui correspond au son [ə] doit être prononcée :
– quand il y a deux (ou plus) consonnes prononcées devant, dans le mot ou le groupe de mots : *vendredi, il ne*… ;
– en début de mot ou groupe de mots : *le vendredi* sauf je : *je n'en ai*… et ce : *ce n'est pas vrai*.

  PARLE

1-PISTE 32

Écoute et répète ces groupes de mots. Respecte les pauses, l'accentuation, l'intonation et le maintien ou la chute des e :

L'argent de poche, (/) je n'en ai jamais assez ! (//)
Mes parents (/) me donnent 15 € (/) tous les samedis, (/) mais après le week-end, (/) il ne me reste rien ! (//)
Dès le mercredi, (/) je demande une avance ! (//)
Le vendredi, (/) c'est terrible ! (//)

ACTIVITÉS DE PHONÉTIQUE

 ÉCOUTE

1-PISTE 33

1. Note si la voix monte ou descend à la fin de chaque groupe de mots.

2. Classe les interjections dans le tableau.

1. Ouf ! comme papa, j'ai la chance d'être un garçon !
2. Euh ! je ne sais pas !
3. Hein ! c'est pas possible !
4. Ah ? tu crois vraiment ?
5. Bof ! ça m'est égal !
6. Chouette ! ça va être super !
7. Zut ! j'ai oublié mes affaires !

OBSERVE

> Pour marquer une émotion, la voix monte à la fin du groupe de mots (sauf pour l'indifférence où la voix descend).

> De petits mots (interjections) permettent de renforcer l'expression de cette émotion.

	agacement	étonnement	hésitation	indifférence	joie	soulagement	doute
Ouf!							
Euh!							
Hein!							
Ah?							
Bof!							
Chouette!							
Zut!							

  PARLE

1-PISTE 34

Écoute et répète ces phrases : respecte bien l'expression demandée.

1. Ouh ! là, là ! c'est pas vrai ! *(étonnement)*
2. Bof ! je (ne) sais pas ! *(indifférence)*
3. Ah ? les filles réussissent mieux ? *(doute)*
4. Ouf ! ça y est ! J'ai fini ! *(soulagement)*
5. Euh ! ce que je pense de l'égalité… ! *(hésitation)*
6. Chouette ! il vient avec nous ! *(joie)*
7. Zut ! zut ! zut ! il vient avec nous ! *(agacement)*

  ÉCOUTE

1-PISTE 35

Classe ces groupes de mots dans le tableau :

On entend…	[Ẽ]=[ɛ̃] ou [œ̃]	[in], [ɛn], [jɛn] ou [yn]	[ɑ̃]	[an]	[ɔ̃]	[ɔn]
mach**in**iste						
histor**ienne**						
le jard**in**						
m**oin**s						
viol**on**iste						
c**om**positrice						
g**an**tière						
histor**ien**						
urb**an**iste						
une amie						
un ami						
m**oin**e						

OBSERVE

▷ Le son [Ē] s'écrit : *un, in, ein, ain, ien, éen, oin, (en)*
▷ Le son [ɑ̃] s'écrit : *en, an, (aon, aen)*   } (*m* peut remplacer *n*)
▷ Le son [ɔ̃] s'écrit : *on*

▷ Si une voyelle est écrite après ces graphies, on n'entend plus la « nasale » et on prononce le *n* :

un +		= [yn] : *une*
in +		= [in] : *machiniste*
ein +		= [ɛn] : *pleine*
ain +		= [ɛn] : *marocaine*
ien +	+ (*n*) + voyelle =	= [jɛn] : *gardienne*
éen +	(*m* peut remplacer *n*)	= [eɛn] : *européenne*
oin +		= [wan] : *moine*
en+		= [ɛn] : *benne*
an +		= [an] : *urbaniste*
on +		= [ɔn] : *violoniste*

▷ Pour bien prononcer, allonge la voyelle avant de dire le *n* : *gardienne* [gaʁdjɛɛɛɛn].

PARLE

**1. Dis un groupe de mots de chaque colonne.
Ton voisin/ta voisine doit deviner de
quelle colonne il s'agit :**

1. il est bon — elle est bonne
2. c'est son nom — c'est son homme
3. c'est à Jean — c'est à Jeanne
4. il est à Caen — il est à Cannes
5. au moins — au moine
6. à chacun — à chacune
7. un artiste — une artiste
8. il est pharmacien — elle est pharmacienne
9. il vient — ils viennent
10. des Européens — des Européennes
11. les voisins — les voisines
12. il est plein — elle est pleine
13. il est humain — elle est humaine

1-PISTE 36

**2. Écoute et répète ces « paires »
pour vérifier. Fais bien la différence
entre nasalisation et dénasalisation.
Puis, refais l'activité 1.**

SÉQUENCE 7   [l] - [n] - [r]

ÉCOUTE

PISTE 37

Coche le son que tu entends :

	1	2	3	4	5	6	7	8	9
[l]									
[n]									
[r]									

PARLE

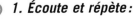
1. Écoute et répète :

STE 38
1. l — n — r
2. des allées — des années — des arrêts
3. l'âge — nage — rage
4. on lit — on nie — on rit

OBSERVE

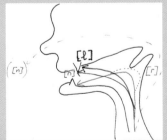

▷ [l] se prononce la pointe de la langue
en haut.
▷ [n] se prononce la pointe de la langue
contre les dents du haut (comme [d] et
[t]) en faisant passer de l'air par le nez.
▷ [r] se prononce la pointe de la langue
en bas. Le dos de la langue « frotte
l'intérieur de la gorge » (comme
si tu raclais ta gorge : « rrrr », plus
doucement, légèrement).

2. Écoute et répète :

1-PISTE 39

1. Elle rappelle.
2. Elle nous dépanne.
3. C'est personnel.

Elle appellera.
Elle nous dépannera.
C'est une information personnelle.

Elle rappellera.
Dépanne-la.
Informe-nous personnellement.

3. Joue le dialogue :

LOULOU : Salut, Riri.
RIRI : Salut, Loulou.
LOULOU : Tu lis ton mur ?
RIRI : J'ai reçu une photo d'Annabelle.
LOULOU : La sœur de Marie ?
RIRI : Oui. Une sacrée nana !
LOULOU : Elle n'a pas le téléphone ?
RIRI : Si ! elle nous téléphonera ce soir.
LOULOU : Sur le net ?
RIRI : Bien sûr ! Avec « Skype ».

SÉQUENCE 8   e, é, è, ê : [e] ou [ɛ] ?

  **ÉCOUTE**

1-PISTE 40

1. Coche le son qui correspond à la lettre soulignée :

	[e]	[ɛ]
1. le quatri<u>è</u>me		
2. le derni<u>e</u>r		
3. le d<u>e</u>rnier		
4. le th<u>è</u>me		
5. la journ<u>é</u>e		
6. appel<u>e</u>r		
7. mon p<u>è</u>re		
8. la libert<u>é</u>		
9. en r<u>ê</u>ve		
10. j'app<u>e</u>lle		
11. vous pouv<u>e</u>z		

2. Comment s'écrivent [e] et [ɛ] ?

[e] s'écrit …
[ɛ] s'écrit …

  ÉCRIS

1-PISTE 41

Écoute et complète avec e, é, è ou ê :

 PARLE

Lis l'article à voix haute.
Respecte les pauses, l'accentuation,
l'intonation et la prononciation
des [e] et [ɛ] !

OBSERVE

> La lettre e se prononce :
> – [e] si elle est suivie d'une consonne muette dans la même syllabe : *derni<u>e</u>r*, si elle est suivie d'une double consonne dans la syllabe suivante : *<u>e</u>fficace* ;
> – [ɛ] si elle est suivie d'une consonne prononcée : *d<u>e</u>rnier*.

(⚠ e se prononce aussi [ə] ;
    cf. tableau « Observe », séquence 4.)

> La lettre é se prononce [e] : *libert<u>é</u>*.

> Les lettres è et ê se prononcent [ɛ] :
> *th<u>è</u>me, r<u>ê</u>ve*.

D...s ados bien dans leur t...te !

D'apr...s une r...cente ...tude, les 12-17 ans disent ne pas avoir de probl...mes de sant... . Ils consultent un m...decin, g...n...raliste le plus souvent, pour d...s aff...ctions b...nignes, d...s actes de pr...vention ou pour obtenir d...s

c...rtificats m...dicaux. La grande majorit... d...s ados se sent bien à l'...cole malgr... un sentiment de pr...ssion. L'...cole, le coll...ge, le lyc...e semblent d'ailleurs avoir une influence consid...rable sur le bien-...tre d...s jeunes.

SÉQUENCE 9 LES CONSONNES GÉMINÉES

 ▶ ÉCOUTE

PISTE 42

Souligne le groupe de mots que tu entends :

1. il attend — il l'attend
2. on va lire — on va l∉ lire
3. il espéra — il espér∉ra
4. un jus génial — un juge génial
5. Eva sert — Eva s∉ sert
6. neuf hachés — neuf fâchés
7. la lunette — la lune nette
8. madame a souri — madame m'a souri
9. il vend des livres — ils vendent des livres
10. il coupa — il (ne) coupe pas

▶ PARLE

PISTE 43

1. Écoute et répète les groupes de mots.

Fais attention aux consonnes géminées et au rythme. Trouve des intonations différentes :

1. Quelle belle robe bleue ! *(4 syllabes)*
2. Ce couteau ne coupe pas ! *(6 syllabes)*
3. Elle vient d∉ dîner ! *(4 syllabes)*
4. Une tempête terrible ! *(5 syllabes)*
5. De magnifiques côtes ! *(5 syllabes)*
6. Un gag gai ! *(3 syllabes)*
7. J'aime Marie ! *(3 syllabes)*
8. Bonne nuit ! *(2 syllabes)*
9. Un philosophe français ! *(6 syllabes)*
10. Une cave verte ! *(3 syllabes)*
11. De nombreuses années *(5 syllabes)*
12. On s∉ sent bien ! *(3 syllabes)*
13. Le langage jeunes *(4 syllabes)*
14. Une douche chaude ! *(3 syllabes)*
15. Une belle langue ! *(3 syllabes)*
16. Une première réaction ! *(6 syllabes)*

2. En groupe, trouve et prononce des phrases qui commencent par :

Exemples : Des études de droit... Un monde d'adultes ! Personne n'a parlé ! Elle le sait...

- Des études de/d'...
- Un monde de/d'...
- Personne ne/n'...
- Elle le/la/l'/les...

OBSERVE

En général, deux consonnes identiques se prononcent comme une seule : *salle = sale*. Dans certains cas, on prononce les deux consonnes ; on parle de consonnes géminées.

▷ Quand la consonne finale prononcée du premier mot est la même que la première du mot suivant (ce qui arrive souvent lorsqu'on ne prononce pas un e) : *il l'attend, on va l∉ lire.*

▷ Quand on doit faire la différence entre les temps d'un verbe : *il espér∉ra ≠ il espéra.*

⚠ Le rythme ne change pas ; le nombre de syllabe est identique : *il attend, il l'attend = 3 syllabes.*

SÉQUENCE 10 LA PRONONCIATION DE « PLUS »

 ▶ ÉCOUTE

PISTE 44

1. Coche la prononciation de plus dans ces groupes de mots :

	[ply]	[plys]
1. Je me sens plus français qu'européen.		
2. Il y a plus de mélange.		
3. En plus, je ne pense pas...		
4. Gagner toujours plus d'argent !		
5. Un an plus tard....		
6. L'Europe n'est plus seulement économique.		
7. Et trois ans plus tard...		
8. Plus facile à conduire qu'un avion !		
9. Beaucoup plus basse que les avions.		

2. Quand prononce-t-on [ply] et [plys] ?
Fais des hypothèses.

OBSERVE

▷ *plus* = [ply] :
- dans la négation *ne ... plus* : *L'Europe n'est **plus** seulement économique* ;
- dans la comparaison *plus* + <u>adjectif</u> commençant par une consonne : ***plus** <u>facile</u>* ;
- pour situer dans le temps : *un an **plus** tard*.

▷ *plus* = [plys] :
- dans la comparaison <u>verbe</u> + *plus* + <u>mot commençant par une consonne</u> : *<u>gagner</u> **plus** <u>d'argent</u> ; je me <u>sens</u> **plus** <u>française</u> ; il y <u>a</u> **plus** <u>de</u>...*
- pour ajouter une information : *en plus,... ; de plus,...*
- pour demander davantage : *un peu plus.*

⚠ *plus* = [plyz] si, dans le même groupe, il est suivi d'un mot commençant par une voyelle (on fait la liaison) : *il est **plus** intelligent.*

Pour la négation, cette liaison est facultative : *il n'a plus un sou* ou *il n'a plus‿un sou.*

ACTIVITÉS DE PHONÉTIQUE

 PARLE

1-PISTE 45

À deux, lisez ces phrases à voix haute ; [ply], [plys] ou [plyz] ?
Puis vérifiez avec l'enregistrement :

1. Je n'ai plus le temps.
2. J'ai plus de temps.
3. Je suis plus patient que toi.
4. Tu es plus impatient que moi !

5. En plus, tu ne travailles plus !
6. Et moi, je travaille plus !
7. J'ai plus d'amis que toi ; tu aimerais bien en avoir plus !

SÉQUENCE 11 LES VIRELANGUES

 ÉCOUTE

1-PISTE 46

Écoute ces virelangues. Tu comprends quelque chose ?
Pourquoi ?

PARLE

1. Existe-t-il des virelangues dans ta langue ? Si oui, entraîne-toi à en prononcer quelques-uns.

2. Maintenant, essaie en français. De plus en plus vite. Tu as le droit de te tromper !

1. Six mules ont-elles bu là ? Oui, six mules ont bu là.
   Si six mules ont bu là, six cent six mules y boiront.
2. Combien sont ces six saucissons-ci ?
   Ces six saucissons-ci sont six sous.
   Si ces six saucissons-ci sont six sous, ces six saucissons-ci ne sont pas chers !
3. Natacha n'attacha pas son chat qui s'échappa.
   Cela fâcha Sacha qui chassa Natacha.
4. Didon dîna, dit-on, de dix dos dodus de dix dodus dindons.
   De dix dos dodus de dix dodus dindons, Didon dîna dit-on.
5. Madame Coutufon dit à madame Foncoutu : *Combien y a-t-il de Foncoutu à Coutufon ?*

OBSERVE

Les virelangues sont de petits textes difficiles à comprendre et/ou à prononcer car ils sont composés de sons proches que l'on peut confondre si on parle vite. Les groupes de mots s'enchaînent et font perdre le sens.

Les Français, petits ou grands, aiment ces petites comptines qu'ils ont eux-aussi beaucoup de mal à comprendre et prononcer !

Madame Foncoutu lui répondit : *Il y a autant de Foncoutu à Coutufon que de Coutufon à Foncoutu !*

6. La cavale du valet avala l'eau du lac. L'eau du lac lava la cavale du valet. Le valet se lava dans l'eau salie du lac après que sa cavale se fut lavée au lac.
7. Trois tortues trottaient sur trois étroits toits.
   Trottant sur trois toits très étroits, trottaient trois tortues trottant.
8. Au luxe et à l'exquis, le fisc fixe chaque taxe fixe, exprès.
9. Piano, panier, piano, panier, piano, panier, piano, panier.
10. Mon thé t'a-t-il ôté ta toux ?
    Oui, ton thé a ôté ma toux !
    Ma toux a été ôtée par ton thé !

SÉQUENCE 12 QUELQUES ACCENTS !

 ÉCOUTE

1-PISTE 47

Écoute cette phrase prononcée avec plusieurs accents. Tu reconnais des accents ? Lesquels sont les plus faciles à comprendre pour toi ?

C'est la fin de l'année scolaire. On part en vacances et on se repose !

OBSERVE

Les accents régionaux ou « nationaux » sont nombreux. Ils portent sur certains sons, dans certaines positions, sur des allongements et sur des accentuations spécifiques. Mais, quel que soit l'accent, l'importance du « groupe de mots » dans lequel « tout est attaché », du rythme régulier des syllabes et des voyelles longues et claires reste la même (à part, peut-être, au Québec).

L'accent « standard » est dit « neutre ». C'est celui parlé par les médias nationaux (radio, télé) concentrés à Paris.

 PARLE

Amuse-toi à imiter ces accents ! Tu peux les exagérer !

Les voyelles

[i] Hippolyte	**[y]** du sucre	**[u]** vous
[e] j'ai nagé, les, chanter, vous chantez	**[ɛ]** je marchais, très, carnet, forêt, mer	
[ø] deux, amoureuse	**[œ]** chanteur	**[ə]** je, demain
[o] hugo, au, beau	**[ɔ]** quatorze	
[A] = [a] ou **[ɑ]** la		
[Ẽ] = [ɛ̃] ; [œ̃] un, copain, magasin, bien, plein, sympa	**[ɑ̃]** devant, cent, la chambre	**[ɔ̃]** nous allons, combien

Les semi-voyelles

[ɥ] huit	**[w]** moi	**[j]** fille, avion, crayon

Les consonnes

[p] petit	**[t]** tu	**[k]** quatre, cinq, classe
[b] une poubelle	**[d]** dix	**[g]** garçon
[m] madame	**[n]** nous	**[ɲ]** campagne
[f] neuf	**[s]** se, danser, passer, ça, vacances	**[ʃ]** Charlotte
[v] vous	**[z]** organiser, onze, les heures	**[ʒ]** collège, je
[l] la, belle	**[ʀ]** remplir, arriver	

DELF B1

Nous te proposons une évaluation de type DELF (Diplôme d'Études en Langue Française) de *niveau B1*. Ton niveau de français, maintenant !

Si un jour, tu veux un diplôme officiel, c'est ce type de diplôme, harmonisé sur le Cadre, que tu pourras passer. Il faut donc t'entraîner !

Tu vas trouver dans les pages suivantes :

- la nature des épreuves, leur durée, leur barème ;
- des conseils pour réussir au mieux ces épreuves ;
- les épreuves (exercices) classées dans 4 parties pour les quatre compétences : compréhension de l'oral, compréhension des écrits, production écrite, production orale.

Bon courage et bon DELF B1 !

nature des épreuves	durée	note sur
Compréhension de l'oral ■ Réponse à des questionnaires de compréhension portant sur trois ou quatre courts documents enregistrés. (Deux écoutes.) *Durée maximale des documents : 6 minutes.*	25 minutes environ	/25
Compréhension de l'écrit ■ Réponse à des questionnaires de compréhension portant sur deux documents écrits : – dégager des informations utiles par rapport à une tâche donnée ; – analyser le contenu d'un document d'intérêt général.	35 minutes	/25
Production écrite ■ Expression d'une attitude personnelle sur un thème général (essai, courrier, article…).	45 minutes	/25
Production orale ■ Épreuve en trois parties : – entretien dirigé ; – exercice en interaction ; – expression d'un point de vue à partir d'un document déclencheur.	15 minutes environ *(Préparation : 10 minutes pour la 3e partie de l'épreuve.)*	/25

Durée totale des épreuves collectives : 1 h 45

■ Note totale sur 100.
■ Seuil de réussite pour l'obtention du diplôme : 50/100
■ Note minimale requise par épreuve : 5/25

DELF B1

PARTIE 1

2-PISTE 1

Compréhension de l'oral *(25 points)*

▐ **Au niveau B1, tu es capable de :**
– comprendre une information factuelle directe sur des sujets de la vie quotidienne
en reconnaissant les messages généraux et les points de détail ;
– comprendre les points principaux d'une intervention sur des sujets familiers
rencontrés régulièrement à l'école et pendant les loisirs.

▐ **On va te demander de :**
– comprendre des émissions de radio et des enregistrements ;
– comprendre des annonces et instructions orales ;
– comprendre l'essentiel d'une conversation entre locuteurs natifs.

CONSEILS

- Lis bien la consigne : elle t'indique ce que tu vas entendre et ce que tu dois faire.

- Lis bien toutes les questions. Pour chaque document, tu dois répondre à plusieurs questions.

- Tu entendras le document 2 fois. Après la première écoute, réponds aux questions pour
  lesquelles tu es sûr(e). La deuxième écoute te permettra de compléter tes réponses.

*Si tu ne peux pas répondre à une question, ne t'inquiète pas. Ne perds pas de temps
et réponds aux questions suivantes.*

▷ **Consignes**

Tu vas entendre 3 enregistrements, correspondant à 3 documents différents.

Pour chaque document, tu auras :

– 30 secondes pour lire les questions ;
– une première écoute, puis 30 secondes de pause pour commencer à répondre aux questions ;
– une deuxième écoute, puis 1 minute de pause pour compléter tes réponses.

Réponds aux questions en cochant (☒) la bonne réponse, ou en écrivant l'information demandée.

⌐ EXERCICE **1** *(10 points)*

Comprendre des émissions de radio et des enregistrements.

1. Tu écoutes : *(1 point)*
   ☐ un cours sur l'espace.
   ☐ une interview à la radio.
   ☐ une publicité pour la Cité de l'espace à Toulouse

2. L'animation de la Cité de l'espace propose aux enfants de devenir astronautes. *(1 point)*
☐ VRAI ☐ FAUX

3. L'animation de la Cité de l'espace s'adresse aux enfants : *(2 points)*
☐ de 4 à 12 ans.
☐ de 3 à 15 ans.
☐ de 6 à 18 ans.

4. Il y a combien de types d'épreuves ? *(1 point)*
☐ 1
☐ 2
☐ 3

5. L'utilisation d'un bras manipulateur pour aller récolter des échantillons de roches martiennes s'adresse aux enfants : *(2 points)*
☐ de 4 à 6 ans.
☐ de 7 à 12 ans.

6. Il est conseillé d'emporter du liquide dans l'espace. *(1 point)*
☐ VRAI ☐ FAUX

7. Pour avoir plus d'informations sur le diplôme d'astronaute junior, il faut : *(2 points)*
☐ écrire à la Cité de l'espace à Toulouse.
☐ aller sur un site Internet.
☐ téléphoner à la radio.

2-PISTE 2

EXERCICE 2 *(5 points)*

Comprendre des annonces et instructions orales.

1. Tu peux passer le diplôme d'astronaute junior toute l'année. *(0,5 point)*
☐ VRAI ☐ FAUX

2. La Cité de l'espace est ouverte tous les jours. *(0,5 point)*
☐ VRAI ☐ FAUX

3. Écris les horaires d'ouverture de la Cité de l'espace. *(2 points)*
de .... à ....

4. Il y a un tarif unique pour les enfants et les adultes. *(0,5 point)*
☐ VRAI ☐ FAUX

5. C'est moins cher pour les familles. *(0,5 point)*
☐ VRAI ☐ FAUX

6. Quelle est l'adresse Internet de la Cité de l'espace ? *(1 point)*
☐ www.cite.espace.com
☐ www.citeespace.com
☐ www.cite-espace.com

2-PISTE3

EXERCICE 3 *(10 points)*

Comprendre l'essentiel d'une conversation entre locuteurs natifs.

1. Élodie et Cédric sont : *(1 point)*
☐ frère et sœur.
☐ amis.

2. Élodie et Cédric habitent à Toulouse. *(1 point)*
☐ VRAI   ☐ FAUX

3. Élodie a passé son diplôme d'astronaute junior. *(1 point)*
☐ VRAI   ☐ FAUX

4. Le parcours est composé de combien d'épreuves ? *(1 point)*
...

5. Élodie est allée sur Mars. (1 point)
☐ VRAI   ☐ FAUX

6. Parmi toutes ces activités, coche celles qu'Élodie a faites : *(4 points)*

☐   ☐   ☐   ☐

☐   ☐   ☐   ☐

7. Les animateurs-instructeurs sont des astronautes. *(1 point)*
☐ VRAI   ☐ FAUX   ☐ On ne sait pas.

DELF B1

PARTIE 2

Compréhension des écrits *(25 points)*

▌ **Au niveau B1, tu es capable :**
de comprendre des textes dans une langue courante.

▌ **On va te demander de :**
— dégager des informations spécifiques d'un document pour réaliser une tâche et prendre des décisions ;
— montrer que tu as compris le sens d'un texte d'intérêt général en répondant à des questions à choix multiples, où en relevant des informations particulières.

CONSEILS

- Identifie le type de texte (lettre personnelle, article de presse, annonce…).
- Lis le texte rapidement une première fois pour dégager les informations essentielles : les noms de personnes, les lieux, les événements…
- Concentre-toi sur les mots que tu comprends (ceux que tu connais déjà, les mots transparents) et pas sur les mots que tu ne connais pas.
- Si tu ne comprends pas tout, c'est normal.
- Vérifie que tu as bien compris les consignes.
- Tu as 35 minutes pour lire 2 documents, donc fais attention de bien gérer le temps. Ne passe pas trop de temps sur le premier.

EXERCICE 1 *(10 points)*

Lire pour s'orienter

Vous avez quatre amis. Ils veulent aller au cinéma mais ils n'ont pas le programme des films. Vous lisez le programme de cinéma, et la description des amis. Puis vous décidez quel film conseiller à chaque ami.

Marion

Elle lit beaucoup de bandes dessinées et aime les films de James Bond.

Justine

C'est une « gothique ». Elle s'habille en noir et adore les films d'horreur.

Sami

Il aime la nature. Son loisir préféré, c'est le camping.

Antoine

Il a deux petits frères. Il aimerait les emmener au cinéma.

CINÉMA NOTRE SÉLECTION

Les Sables de l'amour
États-Unis - 2009
L'extraordinaire voyage de deux êtres que tout oppose, à travers les paysages grandioses et sauvages de l'Afrique des années cinquante : Lady Tinely, aristocrate anglaise froide et hautaine et l'homme qu'elle engage, malgré elle, pour l'aider à retrouver sa fille perdue.

Dino Danger
États-Unis - 2009
Après une expérience scientifique, un adorable petit dinosaure se retrouve à notre époque. Mais la vie à New York est parfois plus dangereuse que la jungle préhistorique où il est né. Il se fait de nouveaux amis surprenants et découvre qu'il a un talent pour la chanson.

Malto Alfonz
France - 2008
Le milliardaire Gaspard Alfonz est mort dans un accident de voiture. Une mort forcément suspecte quand on sait qu'il s'agit du propriétaire de la puissante société Alfonza. Qui va hériter de cet empire économique ? Gaspard n'avait pas de famille, à l'exception d'un fils, Malto, adopté presque trente ans plus tôt dans un orphelinat. Seul problème, ce jeune héritier vient d'être jeté dans une prison en Amérique du Sud. Accusé de trafic de drogue, il clame son innocence. Gaspard assassiné. Malto emprisonné. Et si ces deux affaires faisaient partie d'un seul et même complot visant à prendre le contrôle de l'empire Alfonza ?

Le Crépuscule du loup
Royaume-Uni - 2008
Betty Colombe, 17 ans, déménage à Tavish, petite ville pluvieuse en Écosse. Elle s'attend à ce que sa nouvelle vie soit très ennuyeuse. Or, au lycée, elle est très intriguée par le comportement d'un étrange garçon, Chris Tailor. Une relation dangereuse commence alors entre les deux jeunes gens : lorsque Betty comprend que Chris est un loup-garou, il est déjà trop tard. Que va faire Betty quand, la nuit de la pleine lune, Chris se transformera en loup ?

L'Inconnu
États-Unis/Italie - 2008
Paolo Giallo, un policier assassiné pendant une enquête, retrouve la vie. Il devient « l'Inconnu », combattant du crime dans les rues de Mora City. Son ennemi, Tentacule, cherche la vie éternelle. Pour la trouver, il veut détruire la ville. L'Inconnu poursuit le tueur dans chaque rue. Sur son chemin, le héros masqué croise des femmes, toutes belles… Pour lui, seul compte son amour de toujours : Mora City, la ville où il est né, et où il est mort.

Indique quel film tu conseilles à chaque ami, et dis pourquoi en quelques mots :

	Film	Justification
Marion	*l'Inconnu*	
Justine	*Le Crépuscule du loup*	
Sami	*Les Sables de l'amour*	
Antoine	*Dino Danger*	

EXERCICE **2** *(15 points)*

Lire pour s'informer

Lis le document, puis réponds aux questions. en cochant la bonne réponse ou en écrivant l'information demandée :

Des mesures pour que les Français fassent du sport

Alors que l'activité physique réduit les risques [...] d'hypertension ou de diabète, un rapport fait des propositions pour faire plus d'exercice.

Comment faire faire plus d'exercices aux Français pour les garder en meilleure santé ? [...] C'est le défi de Jean-François Toussaint, directeur de l'Institut de recherche biomédicale et d'épidémiologie du sport (Irmes) qui a remis à la ministre de la Santé un rapport intitulé *Retrouver sa liberté de mouvement*. Entre autres propositions, le document suggère de faire des établissements scolaires un lieu facilitant la pratique sportive, et ce hors temps scolaire. Il préconise également de favoriser les déplacements dits « actifs » (à pied ou à vélo) au détriment des transports individuels ou en commun. [...]

Un effet préventif

Des mesures toutes simples pourraient être également mises en place. Il s'agit par exemple [...] de préférer, plusieurs fois par jour, l'escalier à l'ascenseur. [...] Le rapport cite des études québécoises qui ont montré qu'un employé physiquement actif est 12 % plus productif qu'un employé sédentaire.

[...] Entre le XIXᵉ et le XXIᵉ siècle, on a divisé par dix le facteur de la dépense énergétique, estime Jean-François Toussaint. [...] Alors qu'il semble aujourd'hui acquis que la pratique d'un exercice physique régulier exerce un effet protecteur. [...] Selon le ministère américain de la Santé, les adultes obtiennent des gains de santé importants en faisant deux heures et demie d'exercice d'intensité modérée par semaine, comme du vélo ou une marche soutenue, alors que pour les enfants, une heure au moins d'activité physique quotidienne s'impose.

Une vaste enquête publiée fin 2007 aux États-Unis [...] montre qu'une pratique physique d'intensité régulière (au moins 20 minutes trois fois par semaine) entraîne une réduction du risque de mortalité, de l'ordre de 30 %. Les effets de l'activité agissent sur plusieurs sphères de l'organisme, mais préviennent tout particulièrement les affections liées au mode de vie sédentaire. [...]

En résumé, l'activité physique est bénéfique aux enfants, aux adolescents, aux jeunes, aux adultes d'âge moyen et plus âgés.

Une activité physique régulière réduit chez les adultes le risque de décès prématuré, de maladie [...] ainsi que de dépression, estiment les autorités sanitaires américaines. [...]

Inégalités selon les milieux

Des travaux scientifiques réunis dans un document [...] intitulé *Activité physique, contexte et effet sur la santé*, réalisé par l'Institut national de la santé et de la recherche médicale (Inserm), montre que le nombre de malades du diabète, de l'hypertension, de l'obésité, du cancer ou de la dépression pourrait être revu à la baisse si les Français de tous âges intégraient dans leur mode de vie la pratique régulière d'une activité physique.

Le rapport remis à la ministre de la Santé pointe également du doigt les inégalités selon les milieux socio-économiques et culturels. Les jeunes issus de milieux défavorisés font moins d'exercice que les autres. Et cette différence est encore plus sensible chez les filles. Dans les familles dont le revenu mensuel est inférieur à 1 800 €, 45 % des filles font du sport. Alors qu'elles sont 74 % dans les familles qui gagnent plus de 2 800 €.

ANNE JOUAN,
Le Figaro - 31/12/2008.

1. Cet article parle d'un rapport qui : *(1,5 point)*

☐ liste toutes les manières de réduire l'obésité.

☑ suggère comment encourager le sport chez les Français.

☐ explique pourquoi les Français ne font pas assez d'activité physique.

2. Dans ce rapport, on propose : *(1,5 point)*

☑ d'augmenter le temps pour les cours de sport à l'école.

☐ de remplacer certains cours par du sport.

☐ de dépenser moins d'argent pour les cours et plus d'argent pour l'activité sportive.

☐ de mettre en place des activités sportives à l'école après les cours.

3. Le rapport conseille de se déplacer : *(2 points)*

☐ à pieds.

☐ à moto.

☐ à vélo.

☐ en bus.

☐ en train.

☐ en voiture.

☐ en ascenseur.

4. Vrai, faux, on ne sait pas ? : *(4 points)*

	VRAI	FAUX	?
1. On fait plus d'activités physiques aujourd'hui qu'avant.	☐	☐	☐
2. Les enfants devraient faire une heure d'activité physique ou plus par jour.	☐	☐	☐
3. Avec vingt minutes de sport par semaine, on réduit le risque de mourir de 30 %.	☐	☐	☐
4. Dans les milieux défavorisés, 45 % de garçons font du sport.	☐	☐	☐

5. Trouve ces informations dans l'article : *(6 points)*

1. La différence entre la productivité d'un employé actif et la productivité d'un employé sédentaire : …

2. L'organisme dont Jean-François Toussaint est le directeur : …

3. Deux maladies qu'on peut éviter en faisant une activité physique : … – …

4. L'organisme à l'origine du rapport *Activité physique, contexte et effet sur la santé* : …

5. Le pourcentage de filles de milieux favorisés qui font du sport : …

PARTIE 3

Production écrite *(25 points)*

▌ Au niveau B1, tu es capable d'écrire un texte simple et cohérent sur un sujet qui t'intéresse. Tu écris des lettres personnelles, tu racontes des événements, tu exprimes tes sentiments.

▌ On va te demander d'écrire un texte simple, comme une lettre ou un article de presse sur un thème qui t'intéresse, ou sur tes expériences.

CONSEILS

- Sois sûr(e) de bien comprendre ce qu'on te demande de faire. Évite d'écrire sur d'autres sujets que le thème demandé.
- Prends quelques instants pour réfléchir sur le type de vocabulaire, la grammaire et les expressions dont tu vas avoir besoin.
- Présente ton texte comme il faut. Si c'est une lettre, n'oublie pas le destinataire, la signature… Si c'est un article, n'oublie pas le titre et les sous-titres, la date…
- Fais un brouillon. Puis garde assez de temps à la fin pour recopier au propre.
- N'oublie pas de vérifier le nombre de mots.
- Prends du temps à la fin pour bien relire ton travail. Vérifie l'orthographe, les verbes irréguliers, les temps, les accords…

Tu lis cette annonce dans le journal de ton collège et tu décides d'envoyer ta candidature. Présente-la comme une lettre.
(180 mots.)

> **Deviens le critique cinéma du journal du collège Frédéric Mistral !**
>
> Nous avons besoin d'un(e) élève pour écrire des critiques des nouveaux films et pour superviser les critiques écrites par d'autres élèves. Si tu es intéressé(e), écris-nous une lettre de motivation. Explique pourquoi tu veux être critique de cinéma et pourquoi tu aimes le cinéma. N'oublie pas de nous parler des films que tu as vus récemment, de tes films préférés, et des films que tu n'as pas aimés.

PARTIE 4
Production orale *(25 points)*

On va te demander de :
- te présenter : ÉTAPE 1.
- de résoudre une situation de la vie quotidienne : ÉTAPE 2
  - soit en simulant la situation avec ton professeur (ou un(e) camarade) ;
  - soit en accomplissant une tâche en commun avec ton professeur (ou un(e) camarade).
- de présenter un document et donner ton point de vue sur le sujet : ÉTAPE 3.

CONSEILS

- Lis bien les consignes !
  Elles expliquent :
  – ce que tu dois faire pour chaque étape (parler seul[e] – en continu –, parler en interaction : poser des questions, répondre à des questions, jouer un rôle, donner ton point de vue…)
  – la situation (du jeu de rôle : Où ? Quel rôle ? Quelle tâche ?)
  – le temps que tu as, pour préparer, pour parler, pour jouer…
- Parle clairement et assez fort.
- Regarde ton interlocuteur (celui avec qui tu parles).
- Demande à ton interlocuteur de répéter si tu n'as pas compris.
- Salue et présente-toi en arrivant (*Bonjour !*) ; prends congé (*Au revoir !*) en partant.

L'épreuve se déroule en 3 parties. Elle durera de 10 à 14 minutes.
Les première et deuxième parties se déroulent sans préparation.
Tu as une dizaine de minutes pour préparer la troisième.

1. ENTRETIEN DIRIGÉ *(2 à 3 minutes)* *(5 points)*

Tu te présentes en parlant de toi, de ta famille, de tes activités, de tes centres d'intérêt.
Tu parles de ton passé, de ton présent et de tes projets futurs.

Le professeur ou un(e) camarade te pose des questions :
- **sur toi** : *Qu'est-ce que tu aimes faire pendant ton temps libre ? Quelles sont tes matières préférées à l'école ? Qu'est-ce que tu as fait le week-end dernier ? Qu'est-ce que tu vas faire le week-end prochain ?…*
- **sur tes centres d'intérêt** : *Tu aimes lire ? aller au cinéma ? faire du sport ? Quelle(s) musique(s) tu écoutes ?…*
- **sur ta famille, tes amis** : *Quelle est la profession de tes parents ? Tu as des frères ou des sœurs ? Ils ont quel âge ? Qui est ton/ta meilleur(e) ami(e) ? Qu'est-ce que tu apprécies chez cette personne ?…*

2. EXERCICE EN INTERACTION *(3 à 4 minutes)*   *(10 points)*

Tu dois simuler un dialogue avec le professeur ou un(e) camarade afin de résoudre une situation de la vie quotidienne.

Sujet 1 : Tu as prêté un objet (livre, BD, MP3, scooter…) à un(e) camarade. Tu lui demandes de te le rendre mais il/elle a eu un problème et te l'expose (l'objet est perdu, volé, abîmé…). Tu es fâché(e) et tu lui fais des reproches.

Sujet 2 : Tu demandes à tes parents une augmentation de ton argent de poche et tu expliques pourquoi.

3. EXPRESSION D'UN POINT DE VUE *(5 à 7 minutes)*   *(10 points)*

Tu tires au sort l'un des deux documents.
Tu dégages le thème soulevé par le document et tu présentes ton point de vue sous la forme d'un exposé personnel de 3 minutes environ. Le professeur ou un(e) camarade pourra te poser quelques questions.

Document 1 :

TCHAT MAG

Le *bonheur* se porte-il ?

En France, une personne sur deux possède un porte-bonheur, un objet auquel on attribue le pouvoir magique de porter chance. Cela peut-être un bijou, un vêtement, un trèfle à quatre feuilles…

Selon les spécialistes, avoir un porte-bonheur indique qu'on a gardé notre âme d'enfant puisque ce sont les enfants qui ont cette capacité à donner à un objet ordinaire un pouvoir extraordinaire.

Ces grigris portent-ils vraiment bonheur ou se contentent-ils d'apporter un état d'esprit positif ? Un chercheur a fait une expérience : il a confié un porte-bonheur à 100 personnes durant un mois : 30 % d'entre elles ont senti qu'elles avaient plus de chance et qu'elles étaient plus optimistes ! ✿

Document 2 :

PRÉCIS GRAMMATICAL

Caractériser/décrire

▌ C'est.../Ce n'est pas...

▷ *C'est/Ce n'est pas* + nom (*C'est pas* à l'oral) : Un romancier, **c'est pas** un philosophe.
▷ *C'est quelqu'un qui* + verbe : **C'est quelqu'un qui** écrit avant tout.

LES PRONOMS

▌ *Le pronom* en

En remplace une quantité :
▷ imprécise : Je peux **en** avoir un peu plus ? Je peux **en** avoir encore un peu ? Tu m'**en** donnes ?
   Tu **en** as assez !   **en** = *des* frites (« Je ne sais pas combien de frites. »)
▷ zéro : Je n'**en** veux pas. **en** = *pas de* frites (**0** frite.)
En se place :

   avant le verbe : Tu **en** as.
   avant l'infinitif quand il y a deux verbes : Je peux **en** avoir ?
   après *ne* à la forme négative : Je n'**en** veux pas.

▌ *Le pronom relatif* dont

▷ On utilise *dont* quand la structure de la phrase est verbe + *de* : C'est le phénomène **dont** on parle le plus. (*parler* de)
▷ On utilise *dont* quand la structure de la phrase est nom + *de* + nom
Des téléphones portables **dont** les caractéristiques techniques permettent de surfer sur le web.
(les caractéristiques techniques *des* téléphones portables)

▌ *Les pronoms indéfinis*

Pour parler d'une personne ou d'une chose que l'on ne connaît pas, on utilise les pronoms indéfinis.

Parler d'une personne :   **Parler d'une chose :**
Quelqu'un, personne (ne)   *Quelque chose, rien (ne)*

              Avec *rien* et *personne*, on utilise *ne*.
          Quelqu'un, quelque chose, rien, personne peuvent être :
sujet : **Quelqu'un va** vous aider.   ou COD : Vous attendez **quelque chose** ?
      Rien *ne* vous fait peur.   Vous *ne* voulez voir **personne**.

L'ADJECTIF

▌ *L'adjectif participe présent*

Le participe présent de certains verbes peut servir d'adjectif. Il s'accorde alors avec le nom.
Pour construire le participe présent :
verbe conjugué au présent avec *nous*, on supprime *-ons*, on remplace par *-ant* :
Nous nettoyons ➜ nettoy**ant**
Un gel nettoy**ant**, des gel**s** nettoy**ants**, une crème nettoy**ante**, des crèmes nettoy**antes**.

▌ *La place de l'adjectif*

L'adjectif caractérise le nom et s'accorde en genre (féminin, masculin) et en nombre (singulier, pluriel)
▷ Il peut être placé directement à côté du nom qu'il qualifie (épithète) : Les nuages **immobiles**.
▷ Il peut être séparé du sujet par le verbe *être* ou un verbe équivalent : Le vent était **chaud**.

L'adjectif se place généralement après le nom, sauf : *grand, lourd, jeune, vieux, gentil...*
qui peuvent être avant le nom : Les **lourds** estuaires.

PRÉCIS GRAMMATICAL

LA COMPARAISON

▌ *Le comparatif*

Pour établir un rapport d'infériorité (–) :
▷ *être + moins +* <u>adjectif</u> *(+ que)* : Les filles **sont moins** <u>nombreuses</u> à sortir le soir.

Pour établir un rapport de supériorité (+) :
▷ *avoir davantage de +* <u>nom</u> *+ que* : Ils **ont davantage de** <u>sommeil</u> **que** leurs parents.
▷ <u>verbe</u> *+ plus de +* <u>nom</u> *+ pour +* <u>verbe</u> : Ils <u>prennent</u> **plus de** temps **pour** <u>s'habiller</u>.
▷ *être + plus +* <u>adjectif</u> *(+ que)* : Le temps qu'ils consacrent à leurs besoins physiologiques **est plus** <u>important</u> **que**…
▷ <u>nom</u> *+ supérieur à +* <u>nom</u> *(+ que)* : Ils consacrent un temps **supérieur à** <u>la télé</u> **que**…

Pour établir un rapport d'égalité :
▷ *être + aussi +* <u>adjectif</u> *(+ que)* : Le temps qu'ils passent à étudier **est aussi** <u>important</u> **que**…
▷ <u>verbe</u> *+ le même +* <u>nom</u> *(+ que)* : Ils <u>passent</u> **le même** <u>temps</u> dans la salle de bains **que** leurs parents.
Pour comparer, on utilise aussi *contre* : Ils consacrent 8h29 au travail **contre** 8h19 pour leurs parents.

LA MANIÈRE

Pour exprimer la manière, on utilise : le gérondif
Le gérondif se forme avec le participe présent :
en + <u>participe présent</u> : La santé vient **en** <u>mangeant</u>.
Il est invariable, c'est pratique !

LA MISE EN VALEUR

Pour mettre en valeur une partie de ce qu'on veut dire, on utilise :
▷ *Celle(s)/Celui-Ceux qui +* <u>verbe</u> *+ c'est/ce sont +* <u>nom</u> : **Celles qui** <u>réussissent</u> le mieux, **ce sont** <u>les filles</u>.
   Ceux qui <u>obtiennent</u> de moins bons résultats, **ce sont** <u>les garçons</u>.
▷ <u>Nom</u> *+ c'est ce que +* <u>sujet</u> *+* <u>verbe</u> : <u>La parité</u>, **c'est ce que** <u>le Ministère</u> <u>veut réaliser</u>.
▷ <u>Nom</u> *+ c'est ce qui +* <u>verbe</u> : <u>Les préjugés</u>, **c'est ce qui** <u>empêche</u> les filles de faire des choix plus variés ?
▷ *Ce que +* <u>sujet</u> *+* <u>verbe</u> *+ c'est +* <u>nom</u> : **Ce que** <u>les filles</u> <u>choisissent</u> le plus, **c'est** <u>la littérature</u>.
▷ *C'est +* <u>nom</u> *+ que +* <u>sujet</u> *+* <u>verbe</u> (ou <u>verbe</u> *+* <u>sujet</u>) : **C'est** à l'<u>école</u> **que** <u>s'apprend</u> l'<u>égalité</u> entre les sexes.

▌Donner son point de vue

▌ *L'indicatif ou le subjonctif*

1 Donner son point de vue (son opinion) : l'indicatif ou le subjonctif

Pour moi,…
J'ai l'impression que…
Je trouve que… } + <u>indicatif</u>
Je crois que…
(Je pense que…)

Je ne pense pas que… } + <u>subjonctif</u>
Je ne crois pas que…

J'ai l'impression qu'on <u>fait</u> pas grand-chose.

Je ne pense pas que la priorité de l'Europe <u>soit</u> un échange culturel.

2 Faire une proposition, une suggestion : le conditionnel

On devrait faire de l'Europe un pays sans frontières.
Il faudrait aussi aider les autres pays.

Raconter

▌ L'accord du participe passé

1 Avec l'auxiliaire **être**, on fait toujours l'accord avec le sujet : Je suis allée au concert.

▷ Pour les verbes pronominaux, on fait l'accord avec le COD s'il est placé avant le verbe :
Nous nous sommes vue**s**.

▷ On ne fait pas l'accord si le COD est placé après le verbe : Je me suis brossé les dents.

▷ On ne fait pas l'accord si la construction du verbe est indirecte (verbe + préposition) :
Nous ne nous sommes pas parlé. *(parler à)*

2 Avec l'auxiliaire **avoir**, on ne fait pas l'accord avec le sujet : On a chanté toutes les chansons.

▷ On fait l'accord avec le COD s'il est placé avant le verbe : Les choses qu'on a aimée**s**.

▌ Le passé simple

C'est un temps pratiquement absent à l'oral mais très utilisé à l'écrit et particulièrement dans la littérature. On dit que le passé simple est le temps de la distance dans le temps, par rapport au présent. Il est surtout utilisé à la 3ᵉ personne du singulier ou du pluriel. C'est la succession de verbes au passé simple qui fait *avancer* le récit. Le passé simple a la même valeur que le passé composé.

Quand il se réveilla, il eut l'impression bizarre que le temps n'était pas passé.

[...] et **il put** entrer dans Smara sans passer devant la sentinelle.

▌ Le présent historique

Pour raconter des faits historiques, passés, on peut utiliser le présent :
En 1950, l'Europe **est** en ruine.

Rapporter les paroles de quelqu'un

▌ Le style indirect

1 Les verbes introducteurs se placent en début de phrase :

▷ *Dire que/Raconter que/Demander si/Assurer que/Expliquer que :*
Elle m'**a dit qu'**elle était sur Facebook.

2 Les modifications grammaticales

Les pronoms et les possessifs changent :

Je suis sur Facebook.	→	Elle m'a dit qu'**elle** était sur Facebook.
J'ai retrouvé **mes** copains.	→	Elle m'a dit qu'elle avait retrouvé **ses** copains.

3 Si le verbe introducteur est au passé, les temps changent :

verbes du message initial		**verbes au style indirect**
présent		*imparfait*
Je **suis** sur Facebook.	→	Elle m'a dit qu'elle **était** sur Facebook.
passé composé		*plus-que-parfait*
J'ai **retrouvé** mes copains.	→	Elle m'a dit qu'elle **avait retrouvé** ses copains.
futur		*conditionnel présent*
Je t'**enverrai** une invitation.	→	Elle m'a dit qu'elle m'**enverrait** une invitation.

⚠ Pas de changement pour :

conditionnel présent		*conditionnel présent*
Tu **devrais** le faire.	→	Elle m'a dit que je **devrais** le faire.
subjonctif présent		*subjonctif présent*
Ce serait bien que tu y **sois**.	→	Elle m'a dit que ce serait bien que j'y **sois**.

Pour rapporter les thèmes abordés dans une réunion, on utilise :

▷ *se poser la question de savoir si :* On **s'est posé la question de savoir si** nos amis pouvaient nous aider.

▷ *parler de + <u>nom</u> :* Après, on a **parlé de** <u>liberté</u>.

PRÉCIS GRAMMATICAL

Faire une proposition, une suggestion

▌ *Le conditionnel*

On devrait faire de l'Europe un pays sans frontières.
Il faudrait aussi aider les autres pays.

Organiser son discours

▌ *Les articulateurs*

ORGANISER SES IDÉES

Pour présenter ses idées successivement, on utilise :
▷ *Tout d'abord* (ou *premièrement*, pour commencer) :
  Tout d'abord, celles qui obtiennent de meilleurs résultats scolaires, ce sont les filles.
▷ *Deuxième point* : **Deuxième point**, les charmantes têtes blondes reçoivent aujourd'hui plus qu'il y a
  deux ans.
▷ Et : Ils stimulent… **et** favorisent…

Pour ajouter une idée qui renforce la précédente, on utilise :
▷ *Par ailleurs* (ou *de plus*) : **Par ailleurs**, ce que les filles choisissent le plus, c'est la littérature.
▷ *En outre* : **En outre**, elles arrivent plus tard dans les parcours professionnels.
▷ *De plus* : **De plus**, ils donnent plus souvent au coup par coup.

Pour présenter deux informations, deux idées dans la même phrase, on utilise :
▷ *D'une part…, d'autre part, …* : **D'une part**, elles restent à l'école un an de plus en moyenne que les
  garçons, **d'autre part**, à 17 ans, elles sont plus nombreuses en terminale générale.

Pour préciser sa pensée, on utilise :
▷ *En effet* (pour justifier ce qu'on vient de dire) : La tendance n'est pas à la largesse. **En effet**,
  les parents sont moins nombreux à donner de l'argent de poche.
▷ *En fait* (pour donner une précision) : **En fait**, chez les parents qui ne donnent pas, près d'un sur deux
  parle d'abord de l'âge des enfants, estimés trop jeunes.

Pour récapituler et conclure, on utilise :
▷ *Enfin* : **Enfin**, près d'un parent sur quatre verse tout de même chaque année entre 100 et 200 euros
  sur le compte.
▷ *Finalement* (pour résumer et conclure) : **Finalement**, c'est à l'école et dès le plus jeune âge que
  s'apprend l'égalité entre les sexes.
▷ *Bref* : **Bref**, les parents continuent à donner.

EXPRIMER L'OPPOSITION/LA CONCESSION

Pour marquer l'opposition entre deux idées, on utilise *mais* ou *cependant* :
Mais pour d'autres, la situation est préoccupante. Des traitements permettent **cependant** de limiter l'acné.

Pour montrer que deux idées s'opposent, ne sont pas logiques, on utilise :
▷ *Pourtant* : Plus de 60 % des Français ne consomment pas assez de fruits et légumes. **Pourtant**, ils sont bons pour la santé.
▷ *Or* : Les légumes sont bons pour la santé qu'ils soient cuits… **Or**, les Français n'en consomment pas assez.
▷ *Contrairement à* : **Contrairement aux** idées reçues, les légumes surgelés sont bons pour la santé.

Pour opposer deux situations de nature différente, on utilise :
▷ *Par contre* : Ça c'est ma mère, **par contre**, pour les petits trucs, c'est avec mon argent de poche. *Par contre* est surtout utilisé à l'oral.

Pour exprimer la concession (mettre en relation contradictoire deux situations liées), on utilise :
▷ *Malgré* + nom (on peut remplacer *malgré* par *même si*) : Quand le week-end arrive, j'ai plus rien **malgré** mes efforts pour économiser.

Pour exprimer l'opposition/la concession, on utilise aussi :
▷ *En revanche* (cette conjonction oppose des faits de même nature) :
58 % donnent au coup par coup. **En revanche**, un parent sur trois donne toutes les semaines.
▷ *Au lieu de* + infinitif : **Au lieu d'**économiser sur l'argent de poche, les parents continuent à donner.
▷ *Bien que* + subjonctif : **Bien que** la sinistrose soit là, les parents continuent à donner.

EXPRIMER LA CONSÉQUENCE
▷ *C'est pourquoi* : **C'est pourquoi**, il y a beaucoup moins d'apprentis filles que d'apprentis garçons.

Convaincre, exprimer un événement au futur

1 Convaincre, exprimer avec certitude un événement futur
Quand + état/événement au futur, conséquence au futur (la description future et sa conséquence future sont exprimées au futur) : **Quand** le succès sera au rendez-vous, le prix du Pal-V baissera.

2 Indiquer le futur immédiat d'un événement
Être sur le point de + infinitif : L'UE **est sur le point d'**homologuer le Pal-V.

PRÉCIS GRAMMATICAL

Faire des reproches, exprimer des regrets

■ *Les verbes* devoir, pouvoir *et* aimer

Verbe *avoir* au conditionnel présent + participe passé (*dû*, *pu*, *aimé*) + infinitif

Faire des reproches :

Tu **aurais pu** me le <u>dire</u>.
Tu **aurais dû** le <u>savoir</u>.
Tu **n'aurais pas dû** <u>rouler</u> sans casque.

Exprimer des regrets :

J'**aurais dû** le <u>mettre</u>.
Je **n'aurais jamais dû** te <u>prêter</u> mon cyclo.
J'**aurais bien aimé** te le <u>rendre</u>.

Faire des hypothèses

▷ *Si* + hypothèse au <u>présent</u>, résultat au <u>futur</u> (l'hypothèse est possible, le résultat est probable) :
   Si tu <u>ramasses</u> un coquillage, tu <u>entendras</u> la mer.

▷ *Quand* + prédiction au <u>futur</u>, résultat au <u>futur</u> (la prédiction et le résultat sont probables mais on n'est jamais sûr du futur !) : **Quand** je <u>serai</u> riche, je <u>payerai</u> quelqu'un…

▷ *Si* + hypothèse à l'<u>imparfait</u>, résultat au <u>conditionnel présent</u> (l'hypothèse et le résultat sont peu probables) :
   Si j'<u>étais</u> riche, je <u>distribuerais</u> mon argent…

Dans le passé :

Si + hypothèse au <u>plus-que-parfait</u>, résultat au <u>conditionnel passé</u>
L'hypothèse concerne le passé, elle est donc impossible (c'est trop tard !), le résultat est donc lui aussi impossible.

On peut aussi utiliser cette structure pour des reproches ou des regrets :

▷ reproche : **Si** tu <u>avais travaillé</u>, tu <u>aurais réussi</u> ton examen.
▷ regret : **Si** j'<u>avais travaillé</u>, j'<u>aurais réussi</u> mon examen.

Les marques de l'oral

1 Lorsque l'on parle, même si ce qu'on dit est préparé, on peut …

▷ ne pas finir une phrase, pour mieux préciser sa pensée dans la phrase suivante :
   J'appelle … oui, ils sont là.

▷ utiliser *quoi* à la fin de la phrase pour insister : C'est pas toujours une bonne solution, **quoi**.

▷ utiliser *là* à la place de *dans ce cas/dans cette situation* : Est-ce qu'ils ont assez d'expérience, et **là** … c'est pas sûr.

▷ répéter le mot plusieurs fois : **En fait**, après, on a parlé de liberté. **En fait**…

▷ supprimer le *ne* de la négation : C'est pas sûr.

2 Pour rapporter les thèmes abordés dans une réunion, on utilise :

▷ *se poser la question de savoir si* : On **s'est posé la question de savoir si** nos amis pouvaient nous aider.

▷ *parler de* + <u>nom</u> : Après, on a **parlé de** <u>liberté</u>.